Le Degré zéro
de l'écriture
suivi de
Nouveaux Essais
critiques

Roland Barthes

Le Degré zéro de l'écriture

suivi de

Nouveaux Essais critiques

Éditions du Seuil

En couverture : Relief peint de Sophie.
Taeuber – Arp, 1938.

ISBN 2-02-000610-3

Le Degré zéro de l'écriture

Hébert ne commençait jamais un numéro du Père Duchê-
ne sans y mettre quelques « foutre » et quelques « bougre ».
Ces grossièretés ne signifiaient rien, mais elles signalaient.
Quoi? Toute une situation révolutionnaire. Voilà donc
l'exemple d'une écriture dont la fonction n'est plus seulement
de communiquer ou d'exprimer, mais d'imposer un au-delà
du langage qui est à la fois l'Histoire et le parti qu'on
y prend.

Il n'y a pas de langage écrit sans affiche, et ce qui
est vrai du Père Duchêne, l'est également de la Littérature.
Elle aussi doit signaler quelque chose, différent de son
contenu et de sa forme individuelle, et qui est sa propre
clôture, ce par quoi précisément elle s'impose comme Litté-
rature. D'où un ensemble de signes donnés sans rapport
avec l'idée, la langue ni le style, et destinés à définir
dans l'épaisseur de tous les modes d'expression possibles,
la solitude d'un langage rituel. Cet ordre sacral des Signes
écrits pose la Littérature comme une institution et tend
évidemment à l'abstraire de l'Histoire, car aucune clôture
ne se fonde sans une idée de pérennité; or c'est là où
l'Histoire est refusée qu'elle agit le plus clairement; il
est donc possible de tracer une histoire du langage littéraire
qui n'est ni l'histoire de la langue, ni celle des styles,
mais seulement l'histoire des Signes de la Littérature, et
l'on peut escompter que cette histoire formelle manifeste
à sa façon, qui n'est pas la moins claire, sa liaison avec
l'Histoire profonde.

Il s'agit bien entendu d'une liaison dont la forme peut

*varier avec l'Histoire elle-même; il n'est pas nécessaire
de recourir à un déterminisme direct pour sentir l'Histoire
présente dans un destin des écritures : cette sorte de front
fonctionnel qui emporte les événements, les situations et
les idées le long du temps historique, propose ici moins
des effets que les limites d'un choix. L'Histoire est alors
devant l'écrivain comme l'avènement d'une option nécessaire
entre plusieurs morales du langage; elle l'oblige à signifier
la Littérature selon des possibles dont il n'est pas le maître.
On verra, par exemple, que l'unité idéologique de la bourgeoisie a produit une écriture unique, et qu'aux temps
bourgeois (c'est-à-dire classiques et romantiques), la forme
ne pouvait être déchirée puisque la conscience ne l'était
pas; et qu'au contraire, dès l'instant où l'écrivain a cessé
d'être un témoin de l'universel pour devenir une conscience
malheureuse (vers 1850), son premier geste a été de choisir
l'engagement de sa forme, soit en assumant, soit en refusant
l'écriture de son passé. L'écriture classique a donc éclaté
et la Littérature entière, de Flaubert à nos jours, est devenue
une problématique du langage.*

*C'est à ce moment même que la Littérature (le mot
est né peu de temps avant) a été consacrée définitivement
comme un objet. L'art classique ne pouvait se sentir comme
un langage, il était langage, c'est-à-dire transparence, circulation sans dépôt, concours idéal d'un Esprit universel
et d'un signe décoratif sans épaisseur et sans responsabilité;
la clôture de ce langage était sociale et non de nature.
On sait que vers la fin du XVIIIᵉ siècle, cette transparence
vient à se troubler; la forme littéraire développe un pouvoir
second, indépendant de son économie et de son euphémie;
elle fascine, elle dépayse, elle enchante, elle a un poids;
on ne sent plus la Littérature comme un mode de circulation
socialement privilégié, mais comme un langage consistant,
profond, plein de secrets, donné à la fois comme rêve
et comme menace.*

*Ceci est de conséquence : la forme littéraire peut désor-
mais provoquer les sentiments existentiels qui sont attachés*

au creux de tout objet : sens de l'insolite, familiarité, dégoût, complaisance, usage, meurtre. Depuis cent ans, toute écriture est ainsi un exercice d'apprivoisement ou de répulsion en face de cette Forme-Objet que l'écrivain rencontre fatalement sur son chemin, qu'il lui faut regarder, affronter, assumer, et qu'il ne peut jamais détruire sans se détruire lui-même comme écrivain. La Forme se suspend devant le regard comme un objet; quoi qu'on fasse, elle est un scandale : splendide, elle apparaît démodée; anarchique, elle est asociale; particulière par rapport au temps ou aux hommes, de n'importe quelle manière elle est solitude.

Tout le XIXe siècle a vu progresser ce phénomène dramatique de concrétion. Chez Chateaubriand, ce n'est encore qu'un faible dépôt, le poids léger d'une euphorie du langage, une sorte de narcissisme où l'écriture se sépare à peine de sa fonction instrumentale et ne fait que se regarder elle-même. Flaubert – pour ne marquer ici que les moments typiques de ce procès – a constitué définitivement la Littérature en objet, par l'avènement d'une valeur-travail : la forme est devenue le terme d'une « fabrication », comme une poterie ou un joyau (il faut lire que la fabrication en fut « signifiée », c'est-à-dire pour la première fois livrée comme spectacle et imposée). Mallarmé, enfin, a couronné cette construction de la Littérature-Objet, par l'acte ultime de toutes les objectivations, le meurtre : on sait que tout l'effort de Mallarmé a porté sur une destruction du langage, dont la Littérature ne serait en quelque sorte que le cadavre.

Partie d'un néant où la pensée semblait s'enlever heureusement sur le décor des mots, l'écriture a ainsi traversé tous les états d'une solidification progressive : d'abord objet d'un regard, puis d'un faire, et enfin d'un meurtre, elle atteint aujourd'hui un dernier avatar, l'absence : dans ces écritures neutres, appelées ici « le degré zéro de l'écriture », on peut facilement discerner le mouvement même d'une négation, et l'impuissance à l'accomplir dans une durée, comme si la Littérature, tendant depuis un siècle à transmuer sa surface dans une forme sans hérédité, ne trouvait plus de pureté que dans l'absence de tout signe, proposant enfin l'accomplissement de ce rêve orphéen : un écrivain sans Littérature. L'écriture blanche, celle de Camus, celle de Blanchot ou de Cayrol par exemple, ou l'écriture parlée de Queneau, c'est le dernier épisode d'une Passion de l'écriture, qui suit pas à pas le déchirement de la conscience bourgeoise.

Ce qu'on veut ici, c'est esquisser cette liaison; c'est affirmer l'existence d'une réalité formelle indépendante de la langue et du style; c'est essayer de montrer que cette troisième dimension de la Forme attache elle aussi, non sans un tragique supplémentaire, l'écrivain à sa société; c'est enfin faire sentir qu'il n'y a pas de Littérature sans une Morale du langage. Les limites matérielles de cet essai (dont quelques pages ont paru dans Combat en 1947 et en 1950) indiquent assez qu'il ne s'agit que d'une introduction à ce que pourrait être une Histoire de l'Écriture.

Première partie

Qu'est-ce que l'écriture?

On sait que la langue est un corps de prescriptions et d'habitudes, commun à tous les écrivains d'une époque. Cela veut dire que la langue est comme une Nature qui passe entièrement à travers la parole de l'écrivain, sans pourtant lui donner aucune forme, sans même la nourrir : elle est comme un cercle abstrait de vérités, hors duquel seulement commence à se déposer la densité d'un verbe solitaire. Elle enferme toute la création littéraire à peu près comme le ciel, le sol et leur jonction dessinent pour l'homme un habitat familier. Elle est bien moins une provision de matériaux qu'un horizon, c'est-à-dire à la fois une limite et une station, en un mot l'étendue rassurante d'une économie. L'écrivain n'y puise rien, à la lettre : la langue est plutôt pour lui comme une ligne dont la transgression désignera peut-être une surnature du langage : elle est l'aire d'une action, la définition et l'attente d'un possible. Elle n'est pas le lieu d'un engagement social, mais seulement un réflexe sans choix, la propriété indivise des hommes et non pas des écrivains; elle reste en dehors du rituel des Lettres; c'est un objet social par définition, non par élection. Nul ne peut, sans apprêts, insérer sa liberté d'écrivain dans l'opacité de la langue, parce qu'à travers elle c'est l'Histoire entière qui se tient, complète et unie à la manière d'une Nature. Aussi, pour l'écrivain, la langue n'est-elle qu'un horizon humain qui installe au loin une certaine *familiarité*, toute négative d'ailleurs : dire que Camus et Queneau parlent la même langue, ce n'est que présumer, par une opération différentielle, toutes les

langues, archaïques ou futuristes, qu'ils ne parlent pas :
suspendue entre des formes abolies et des formes inconnues,
la langue de l'écrivain est bien moins un fonds qu'une
limite extrême; elle est le lieu géométrique de tout ce
qu'il ne pourrait pas dire sans perdre, tel Orphée se retournant, la stable signification de sa démarche et le geste
essentiel de sa sociabilité.

La langue est donc en deçà de la Littérature. Le style
est presque au-delà : des images, un débit, un lexique
naissent du corps et du passé de l'écrivain et deviennent
peu à peu les automatismes mêmes de son art. Ainsi
sous le nom de style, se forme un langage autarcique
qui ne plonge que dans la mythologie personnelle et secrète
de l'auteur, dans cette hypophysique de la parole, où se
forme le premier couple des mots et des choses, où s'instal-
lent une fois pour toutes les grands thèmes verbaux de
son existence. Quel que soit son raffinement, le style a
toujours quelque chose de brut : il est une forme sans
destination, il est le produit d'une poussée, non d'une
intention, il est comme une dimension verticale et solitaire
de la pensée. Ses références sont au niveau d'une biologie
ou d'un passé, non d'une Histoire : il est la « chose »
de l'écrivain, sa splendeur et sa prison, il est sa solitude.
Indifférent et transparent à la société, démarche close de
la personne, il n'est nullement le produit d'un choix, d'une
réflexion sur la Littérature. Il est la part privée du rituel,
il s'élève à partir des profondeurs mythiques de l'écrivain,
et s'éploie hors de sa responsabilité. Il est la voix décorative
d'une chair inconnue et secrète; il fonctionne à la façon
d'une Nécessité, comme si, dans cette espèce de poussée
florale, le style n'était que le terme d'une métamorphose
aveugle et obstinée, partie d'un infra-langage qui s'élabore
à la limite de la chair et du monde. Le style est proprement
un phénomène d'ordre germinatif, il est la transmutation
d'une Humeur. Aussi les allusions du style sont-elles répar-
ties en profondeur; la parole a une structure horizontale,
ses secrets sont sur la même ligne que ses mots et ce

qu'elle cache est dénoué par la durée même de son continu; dans la parole tout est offert, destiné à une usure immédiate, et le verbe, le silence et leur mouvement sont précipités vers un sens aboli : c'est un transfert sans sillage et sans retard. Le style, au contraire, n'a qu'une dimension verticale, il plonge dans le souvenir clos de la personne, il compose son opacité à partir d'une certaine expérience de la matière; le style n'est jamais que métaphore, c'est-à-dire équation entre l'intention littéraire et la structure charnelle de l'auteur (il faut se souvenir que la structure est le dépôt d'une durée). Aussi le style est-il toujours un secret; mais le versant silencieux de sa référence ne tient pas à la nature mobile et sans cesse sursitaire du langage; son secret est un souvenir enfermé dans le corps de l'écrivain; la vertu allusive du style n'est pas un phénomène de vitesse, comme dans la parole, où ce qui n'est pas dit reste tout de même un intérim du langage, mais un phénomène de densité, car ce qui se tient droit et profond sous le style, rassemblé durement ou tendrement dans ses figures, ce sont les fragments d'une réalité absolument étrangère au langage. Le miracle de cette transmutation fait du style une sorte d'opération supra-littéraire, qui emporte l'homme au seuil de la puissance et de la magie. Par son origine biologique, le style se situe hors de l'art, c'est-à-dire hors du pacte qui lie l'écrivain à la société. On peut donc imaginer des auteurs qui préfèrent la sécurité de l'art à la solitude du style. Le type même de l'écrivain sans style, c'est Gide, dont la manière artisanale exploite le plaisir moderne d'un certain éthos classique, tout comme Saint-Saëns a refait du Bach ou Poulenc du Schubert. A l'opposé, la poésie moderne – celle d'un Hugo, d'un Rimbaud ou d'un Char – est saturée de style et n'est *art* que par référence à une intention de Poésie. C'est l'Autorité du style, c'est-à-dire le lien absolument libre du langage et de son double de chair, qui impose l'écrivain comme une Fraîcheur au-dessus de l'Histoire.

L'horizon de la langue et la verticalité du style dessinent donc pour l'écrivain une nature, car il ne choisit ni l'une ni l'autre. La langue fonctionne comme une négativité, la limite initiale du possible, le style est une Nécessité qui noue l'humeur de l'écrivain à son langage. Là, il trouve la familiarité de l'Histoire, ici, celle de son propre passé. Il s'agit bien dans les deux cas d'une nature, c'est-à-dire d'un gestuaire familier, où l'énergie est seulement d'ordre opératoire, s'employant ici à dénombrer, là à transformer, mais jamais à juger ni à signifier un choix.

Or toute Forme est aussi Valeur; c'est pourquoi entre la langue et le style, il y a place pour une autre réalité formelle : l'écriture. Dans n'importe quelle forme littéraire, il y a le choix général d'un ton, d'un éthos, si l'on veut, et c'est ici précisément que l'écrivain s'individualise clairement parce que c'est ici qu'il s'engage. Langue et style sont des données antécédentes à toute problématique du langage, langue et style sont le produit naturel du Temps et de la personne biologique; mais l'identité formelle de l'écrivain ne s'établit véritablement qu'en dehors de l'installation des normes de la grammaire et des constantes du style, là où le continu écrit, rassemblé et enfermé d'abord dans une nature linguistique parfaitement innocente, va devenir enfin un signe total, le choix d'un comportement humain, l'affirmation d'un certain Bien, engageant ainsi l'écrivain dans l'évidence et la communication d'un bonheur ou d'un malaise, et liant la forme à la fois normale et singulière de sa parole à la vaste Histoire d'autrui. Langue et style sont des forces aveugles; l'écriture est un acte de solidarité historique. Langue et style sont des objets; l'écriture est une fonction : elle est le rapport entre la création et la société, elle est le langage littéraire transformé par sa destination sociale, elle est la forme saisie dans son intention humaine et liée ainsi aux grandes crises de l'Histoire. Par exemple, Mérimée et Fénelon sont séparés par des phénomènes de langue et par des accidents de style; et pourtant ils pratiquent un langage chargé d'une même intentionalité, ils se réfèrent à une même idée de la forme et du fond, ils acceptent un même ordre de conventions, ils sont le lieu des mêmes réflexes techniques, ils emploient avec les mêmes gestes, à un siècle et demi de distance, un instrument identique, sans doute un peu modifié dans son aspect, nullement dans sa situation ni dans son usage : en bref, ils ont la même écriture. Au contraire, presque contemporains, Mérimée et Lautréamont, Mallarmé et Céline, Gide et Queneau, Claudel et Camus, qui ont parlé ou parlent le même état historique de notre langue, usent d'écritures profondément différentes; tout les sépare, le ton, le débit, la fin, la morale, le naturel de leur parole, en sorte que la communauté d'époque et de langue est bien peu de chose au prix d'écritures si opposées et si bien définies par leur opposition même.

Ces écritures sont en effet différentes mais comparables, parce qu'elles sont produites par un mouvement identique, qui est la réflexion de l'écrivain sur l'usage social de sa forme et le choix qu'il en assume. Placée au cœur de la problématique littéraire, qui ne commence qu'avec elle, l'écriture est donc essentiellement la morale de la forme, c'est le choix de l'aire sociale au sein de laquelle l'écrivain décide de situer la Nature de son langage. Mais cette aire sociale n'est nullement celle d'une consommation effective. Il ne s'agit pas pour l'écrivain de choisir le groupe social pour lequel il écrit : il sait bien que, sauf à escompter une Révolution, ce ne peut être jamais que pour la même société. Son choix est un choix de conscience, non d'efficacité. Son écriture est une façon de penser la Littérature, non de l'étendre. Ou mieux encore : c'est parce que l'écrivain ne peut rien modifier aux données objectives de la consommation littéraire (ces données purement historiques lui échappent, même s'il en est conscient), qu'il transporte volontairement l'exigence d'un langage libre aux sources de ce langage et non au terme de sa consommation.

Aussi l'écriture est-elle une réalité ambiguë : d'une part, elle naît incontestablement d'une confrontation de l'écrivain et de sa société; d'autre part, de cette finalité sociale, elle renvoie l'écrivain, par une sorte de transfert tragique, aux sources instrumentales de sa création. Faute de pouvoir lui fournir un langage librement consommé, l'Histoire lui propose l'exigence d'un langage librement produit.

Ainsi le choix, puis la responsabilité d'une écriture désignent une Liberté, mais cette Liberté n'a pas les mêmes limites selon les différents moments de l'Histoire. Il n'est pas donné à l'écrivain de choisir son écriture dans une sorte d'arsenal intemporel des formes littéraires. C'est sous la pression de l'Histoire et de la Tradition que s'établissent les écritures possibles d'un écrivain donné : il y a une Histoire de l'Écriture; mais cette Histoire est double : au moment même où l'Histoire générale propose – ou impose – une nouvelle problématique du langage littéraire, l'écriture reste encore pleine du souvenir de ses usages antérieurs, car le langage n'est jamais innocent : les mots ont une mémoire seconde qui se prolonge mystérieusement au milieu des significations nouvelles. L'écriture est précisément ce compromis entre une liberté et un souvenir, elle est cette liberté souvenante qui n'est liberté que dans le geste du choix, mais déjà plus dans sa durée. Je puis sans doute aujourd'hui me choisir telle ou telle écriture, et dans ce geste affirmer ma liberté, prétendre à une fraîcheur ou à une tradition; je ne puis déjà plus la développer dans une durée sans devenir peu à peu prisonnier des mots d'autrui et même de mes propres mots. Une rémanence obstinée, venue de toutes les écritures précédentes et du passé même de ma propre écriture, couvre la voix présente de mes mots. Toute trace écrite se précipite comme un élément chimique d'abord transparent, innocent et neutre, dans lequel la simple durée fait peu à peu apparaître tout un passé en suspension, toute une cryptographie de plus en plus dense.

Comme Liberté, l'écriture n'est donc qu'un moment. Mais

ce moment est l'un des plus explicites de l'Histoire, puisque l'Histoire, c'est toujours et avant tout un choix et les limites de ce choix. C'est parce que l'écriture dérive d'un geste significatif de l'écrivain, qu'elle affleure l'Histoire, bien plus sensiblement que telle autre coupe de la littérature. L'unité de l'écriture classique, homogène pendant des siècles, la pluralité des écritures modernes, multipliées depuis cent ans jusqu'à la limite même du fait littéraire, cette espèce d'éclatement de l'écriture française correspond bien à une grande crise de l'Histoire totale, visible d'une manière beaucoup plus confuse dans l'Histoire littéraire proprement dite. Ce qui sépare la « pensée » d'un Balzac et celle d'un Flaubert, c'est une variation d'école; ce qui oppose leurs écritures, c'est une rupture essentielle, au moment même où deux structures économiques font charnière, entraînant dans leur articulation des changements décisifs de mentalité et de conscience.

Écritures politiques

Toutes les écritures présentent un caractère de clôture qui est étranger au langage parlé. L'écriture n'est nullement un instrument de communication, elle n'est pas une voie ouverte par où passerait seulement une intention de langage. C'est tout un désordre qui s'écoule à travers la parole, et lui donne ce mouvement dévoré qui le maintient en état d'éternel sursis. A l'inverse, l'écriture est un langage durci qui vit sur lui-même et n'a nullement la charge de confier à sa propre durée une suite mobile d'approximations, mais au contraire d'imposer, par l'unité et l'ombre de ses signes, l'image d'une parole construite bien avant d'être inventée. Ce qui oppose l'écriture à la parole, c'est que la première *paraît* toujours symbolique, introversée, tournée ostensiblement du côté d'un versant secret du langage, tandis que la seconde n'est qu'une durée de signes vides dont le mouvement seul est significatif. Toute la parole se tient dans cette usure des mots, dans cette écume toujours emportée plus loin, et il n'y a de parole que là où le langage fonctionne avec évidence comme une voration qui n'enlèverait que la pointe mobile des mots; l'écriture, au contraire, est toujours enracinée dans un au-delà du langage, elle se développe comme un germe et non comme une ligne, elle manifeste une essence et menace d'un secret, elle est une contre-communication, elle intimide. On trouvera donc dans toute écriture l'ambiguïté d'un objet qui est à la fois langage et coercition : il y a, au fond de l'écriture, une « circonstance » étrangère au langage, il y a comme le regard d'une intention qui n'est déjà plus celle du langage. Ce regard peut très bien être une passion du langage, comme dans l'écriture littéraire; il peut être aussi la menace d'une pénalité, comme dans les écritures politiques : l'écriture est alors chargée de joindre d'un seul trait la réalité des actes et l'idéalité des fins. C'est pourquoi le pouvoir ou l'ombre du pouvoir finit toujours par instituer une écriture axiologique, où le trajet qui sépare ordinairement le fait de la valeur est supprimé dans l'espace même du mot, donné à la fois comme description et comme jugement. Le mot devient un alibi (c'est-à-dire un ailleurs et une justification). Ceci, qui est vrai des écritures littéraires, où l'unité des signes est sans cesse fascinée par des zones d'infra- ou d'ultra-langage, l'est encore plus des écritures politiques, où l'alibi du langage est en même temps intimidation et glorification : effectivement, c'est le pouvoir ou le combat qui produisent les types d'écriture les plus purs.

On verra plus loin que l'écriture classique manifestait cérémonialement l'implantation de l'écrivain dans une société politique particulière et que, parler comme Vaugelas, ce fut, d'abord, se rattacher à l'exercice du pouvoir. Si la Révolution n'a pas modifié les normes de cette écriture, parce que le personnel pensant restait somme toute le même et passait seulement du pouvoir intellectuel au pouvoir politique, les conditions exceptionnelles de la lutte ont pourtant produit, au sein même de la grande Forme classique, une écriture proprement révolutionnaire, non par sa structure, plus académique que jamais, mais par sa clôture et son double, l'exercice du langage étant alors lié, comme jamais encore dans l'Histoire, au Sang répandu. Les révolutionnaires n'avaient aucune raison de vouloir modifier l'écriture classique, ils ne pensaient nullement mettre en cause la nature de l'homme, encore moins son langage, et un « instrument » hérité de Voltaire, de Rousseau ou de Vauvenargues, ne pouvait leur paraître compromis. C'est la singularité des situations historiques qui a formé l'identité de l'écriture révolutionnaire. Baudelaire a parlé

quelque part de « la vérité emphatique du geste dans les
grandes circonstances de la vie ». La Révolution fut par
excellence l'une de ces grandes circonstances où la vérité,
par le sang qu'elle coûte, devient si lourde qu'elle requiert,
pour s'exprimer, les formes mêmes de l'amplification
théâtrale. L'écriture révolutionnaire fut ce geste emphatique
qui pouvait seul continuer l'échafaud quotidien. Ce qui
paraît aujourd'hui de l'enflure, n'était alors que la taille
de la réalité. Cette écriture, qui a tous les signes de l'infla-
tion, fut une écriture exacte : jamais langage ne fut plus
invraisemblable et moins imposteur. Cette emphase n'était
pas seulement la forme moulée sur le drame; elle en
était aussi la conscience. Sans ce drapé extravagant, propre
à tous les grands révolutionnaires, qui permettait au giron-
din Guadet, arrêté à Saint-Émilion, de déclarer sans ridicule
parce qu'il allait mourir : Oui, je suis Guadet. Bourreau,
fais ton office. Va porter ma tête aux tyrans de la patrie.
Elle les a toujours fait pâlir : abattue, elle les fera pâlir
encore davantage », la Révolution n'aurait pu être cet événement mythique qui a fécondé l'Histoire et toute idée future
de la Révolution. L'écriture révolutionnaire fut comme
l'entéléchie de la légende révolutionnaire : elle intimidait
et imposait une consécration civique du Sang.

L'écriture marxiste est tout autre. Ici la clôture de la
forme ne provient pas d'une amplification rhétorique ni
d'une emphase du débit, mais d'un lexique aussi particulier,
aussi fonctionnel qu'un vocabulaire technique; les métaphores elles-mêmes y sont sévèrement codifiées. L'écriture révolutionnaire française fondait toujours un droit sanglant
ou une justification morale; à l'origine, l'écriture marxiste
est donnée comme un langage de la connaissance; ici
l'écriture est univoque, parce qu'elle est destinée à maintenir
la cohésion d'une Nature; c'est l'identité lexicale de cette
écriture qui lui permet d'imposer une stabilité des explica-

tions et une permanence de méthode; ce n'est que tout
au bout de son langage que le marxisme rejoint des comportements purement politiques. Autant l'écriture révolutionnaire française est emphatique, autant l'écriture marxiste
est litotique, puisque chaque mot n'est plus qu'une référence
exiguë à l'ensemble des principes qui le soutient d'une
façon inavouée. Par exemple, le mot « impliquer », fréquent
dans l'écriture marxiste, n'y a pas le sens neutre du dictionnaire; il fait toujours allusion à un procès historique précis,
il est commé un signe algébrique qui représenterait toute
une parenthèse de postulats antérieurs.

Liée à une action, l'écriture marxiste est rapidement
devenue, en fait, un langage de la valeur. Ce caractère,
visible déjà chez Marx, dont l'écriture reste pourtant en
général explicative, a envahi complètement l'écriture stalinienne triomphante. Certaines notions, formellement identi-
ques et que le vocabulaire neutre ne désignerait pas deux
fois, sont scindées par la valeur et chaque versant rejoint
un nom différent : par exemple, « cosmopolitisme » est le
nom négatif d' « internationalisme » (déjà chez Marx). Dans
l'univers stalinien, où la *définition*, c'est-à-dire la séparation
du Bien et du Mal, occupe désormais tout le langage,
il n'y a plus de mots sans valeur, et l'écriture a finalement
pour fonction de faire l'économie d'un procès : il n'y a
plus aucun sursis entre la dénomination et le jugement,
et la clôture du langage est parfaite, puisque c'est finalement
une valeur qui est donnée comme explication d'une autre
valeur; par exemple, on dira que tel criminel a déployé
une activité nuisible aux intérêts de l'État; ce qui revient
à dire qu'un criminel est celui qui commet un crime.
On le voit, il s'agit d'une véritable tautologie, procédé
constant de l'écriture stalinienne. Celle-ci, en effet, ne vise
plus à fonder une explication marxiste des faits, ou une
rationalité révolutionnaire des actes, mais à donner le réel
sous sa forme jugée, imposant une lecture immédiate des
condamnations : le contenu objectif du mot « déviationniste »
est d'ordre pénal. Si deux déviationnistes se réunissent, ils

deviennent des « fractionnistes », ce qui ne correspond
pas à une faute objectivement différente, mais à une aggra-
vation de la pénalité. On peut dénombrer une écriture proprement marxiste (celle de Marx et de Lénine) et une
écriture du stalinisme triomphant (celle des démocraties
populaires); il y a certainement aussi une écriture trotskiste
et une écriture tactique, qui est celle, par exemple, du
communisme français (Substitution de « peuple », puis de
« braves gens » à « classe ouvrière », ambiguïté volontaire
des termes de « démocratie », « liberté », « paix », etc.).
  Il n'est pas douteux que chaque régime possède son
écriture, dont l'histoire reste encore à faire. L'écriture,
étant la forme spectaculairement engagée de la parole,
contient à la fois, par une ambiguïté précieuse, l'être et
le paraître du pouvoir, ce qu'il est et ce qu'il voudrait
qu'on le croie : une histoire des écritures politiques consti-
tuerait donc la meilleure des phénoménologies sociales.
Par exemple, la Restauration a élaboré une écriture de
classe, grâce à quoi la répression était immédiatement
donnée comme une condamnation surgie spontanément de
la « Nature » classique : les ouvriers revendicatifs étaient
toujours des « individus », les briseurs de grève, des « ouvriers tranquilles », et la servilité des juges y devenait
la « vigilance paternelle des magistrats » (de nos jours,
c'est par un procédé analogue que le gaullisme appelle
les communistes des « séparatistes »). On voit qu'ici l'écriture fonctionne comme une bonne conscience et qu'elle
a pour mission de faire coïncider frauduleusement l'origine
du fait et son avatar le plus lointain, en donnant à la
justification de l'acte, la caution de sa réalité. Ce fait
d'écriture est d'ailleurs propre à tous les régimes d'autorité;
c'est ce qu'on pourrait appeler l'écriture policière : on sait
par exemple le contenu éternellement répressif du mot
« Ordre ».

L'expansion des faits politiques et sociaux dans le champ de conscience des Lettres a produit un type nouveau de scripteur, situé à mi-chemin entre le militant et l'écrivain, tirant du premier une image idéale de l'homme engagé, et du second l'idée que l'œuvre écrite est un acte. En même temps que l'intellectuel se substitue à l'écrivain, naît dans les revues et les essais une écriture militante entièrement affranchie du style, et qui est comme un langage professionnel de la « présence ». Dans cette écriture, les nuances foisonnent. Personne ne niera qu'il y a par exemple une écriture « Esprit » ou une écriture « Temps modernes ». Le caractère commun de ces écritures intellectuelles, c'est qu'ici le langage de lieu privilégié tend à devenir le signe suffisant de l'engagement. Rejoindre une parole close par la poussée de tous ceux qui ne la parlent pas, c'est afficher le mouvement même d'un choix, sinon soutenir ce choix; l'écriture devient ici comme une signature que l'on met au bas d'une proclamation collective (qu'on n'a d'ailleurs pas rédigée soi-même). Ainsi adopter une écriture – on pourrait dire encore mieux – assumer une écriture –, c'est faire l'économie de toutes les prémisses du choix, c'est manifester comme acquises les raisons de ce choix. Toute écriture intellectuelle est donc le premier des « sauts de l'intellect ». Au lieu qu'un langage idéalement libre ne pourrait jamais signaler ma personne et laisserait tout ignorer de mon histoire et de ma liberté, l'écriture à laquelle je me confie est déjà tout institution; elle découvre mon passé et mon choix, elle me donne une histoire, elle affiche ma situation, elle m'engage sans que j'aie à le dire. La Forme devient ainsi plus que jamais un objet autonome, destiné à signifier une propriété collective et défendue, et cet objet a une valeur d'épargne, il fonctionne comme un signal économique grâce auquel le scripteur impose sans cesse sa conversion sans en retracer jamais l'histoire.

Cette duplicité des écritures intellectuelles d'aujourd'hui est accentuée par le fait qu'en dépit des efforts de l'époque, la Littérature n'a pu être entièrement liquidée : elle forme

un horizon verbal toujours prestigieux. L'intellectuel n'est
encore qu'un écrivain mal transformé, et à moins de se
saborder et de devenir à jamais un militant qui n'écrit
plus (certains l'ont fait, par définition oubliés), il ne peut
que revenir à la fascination d'écritures antérieures, transmi-
ses à partir de la Littérature comme un instrument intact
et démodé. Ces écritures intellectuelles sont donc instables,
elles restent littéraires dans la mesure où elles sont impuis-
santes et ne sont politiques que par leur hantise de l'engagement. En bref, il s'agit encore d'écritures éthiques, où
la conscience du scripteur (on n'ose plus dire de l'écrivain)
trouve l'image rassurante d'un salut collectif.

Mais de même que, dans l'état présent de l'Histoire,
toute écriture politique ne peut que confirmer un univers
policier, de même toute écriture intellectuelle ne peut
qu'instituer une para-littérature, qui n'ose plus dire son
nom. L'impasse de ces écritures est donc totale, elles ne
peuvent renvoyer qu'à une complicité ou à une impuissance,
c'est-à-dire, de toute manière, à une aliénation.

L'écriture du Roman

Roman et Histoire ont eu des rapports étroits dans le siècle même qui a vu leur plus grand essor. Leur lien profond, ce qui devrait permettre de comprendre à la fois Balzac et Michelet, c'est chez l'un et chez l'autre, la construction d'un univers autarcique, fabriquant lui-même ses dimensions et ses limites, et y disposant son Temps, son Espace, sa population, sa collection d'objets et ses mythes.

Cette sphéricité des grandes œuvres du XIXe siècle s'est exprimée par les longs récitatifs du Roman et de l'Histoire, sortes de projections planes d'un monde courbe et lié, dont le roman-feuilleton, né alors, présente, dans ses volutes, une image dégradée. Et pourtant la narration n'est pas forcément une loi du genre. Toute une époque a pu concevoir des romans par lettres, par exemple; et toute une autre peut pratiquer une Histoire par analyses. Le Récit comme forme extensive à la fois au Roman et à l'Histoire, reste donc bien, en général, le choix ou l'expression d'un moment historique.

Retiré du français parlé, le passé simple, pierre d'angle du Récit, signale toujours un art; il fait partie d'un rituel des Belles-Lettres. Il n'est plus chargé d'exprimer un temps. Son rôle est de ramener la réalité à un point, et d'abstraire de la multiplicité des temps vécus et superposés un acte verbal pur, débarrassé des racines existentielles de l'expé-

rience, et orienté vers une liaison logique avec d'autres
actions, d'autres procès, un mouvement général du monde :
il vise à maintenir une hiérarchie dans l'empire des faits.
Par son passé simple, le verbe fait implicitement partie
d'une chaîne causale, il participe à un ensemble d'actions
solidaires et dirigées, il fonctionne comme le signe algébrique d'une intention; soutenant une équivoque entre temporali-
té et causalité, il appelle un déroulement, c'est-à-dire une
intelligence du Récit. C'est pour cela qu'il est l'instrument
idéal de toutes les constructions d'univers; il est le temps
factice des cosmogonies, des mythes, des Histoires et des
Romans. Il suppose un monde construit, élaboré, détaché,
réduit à des lignes significatives, et non un monde jeté,
étalé, offert. Derrière le passé simple se cache toujours
un démiurge, dieu ou récitant; le monde n'est pas inexpliqué
lorsqu'on le récite, chacun de ses accidents n'est que cir-
constanciel, et le passé simple est précisément ce signe
opératoire par lequel le narrateur ramène l'éclatement de
la réalité à un verbe mince et pur, sans densité, sans
volume, sans déploiement, dont la seule fonction est d'unir
le plus rapidement possible une cause et une fin. Lorsque
l'historien affirme que le duc de Guise mourut le 23 décembre 1588, ou lorsque le romancier raconte que la marquise
sortit à cinq heures, ces actions émergent d'un autrefois
sans épaisseur; débarrassées du tremblement de l'existence,
elles ont la stabilité et le dessin d'une algèbre, elles sont
un souvenir, mais un souvenir utile, dont l'intérêt compte
beaucoup plus que la durée.

Le passé simple est donc finalement l'expression d'un
ordre, et par conséquent d'une euphorie. Grâce à lui, la
réalité n'est ni mystérieuse, ni absurde; elle est claire,
presque familière, à chaque moment rassemblée et contenue
dans la main d'un créateur; elle subit la pression ingénieuse
de sa liberté. Pour tous les grands récitants du XIXᵉ siècle,
le monde peut être pathétique, mais il n'est pas abandonné,
puisqu'il est un ensemble de rapports cohérents, puisqu'il
n'y a pas de chevauchement entre les faits écrits, puisque

celui qui le raconte a le pouvoir de récuser l'opacité et la solitude des existences qui le composent, puisqu'il peut témoigner à chaque phrase d'une communication et d'une hiérarchie des actes, puisque enfin, pour tout dire, ces actes eux-mêmes peuvent être réduits à des signes.

Le passé narratif fait donc partie d'un système de sécurité des Belles-Lettres. Image d'un ordre, il constitue l'un de ces nombreux pactes formels établis entre l'écrivain et la société, pour la justification de l'un et la sérénité de l'autre. Le passé simple *signifie* une création : c'est-à-dire qu'il la signale et qu'il l'impose. Même engagé dans le plus sombre réalisme, il rassure, parce que, grâce à lui, le verbe exprime un acte clos, défini, substantivé, le Récit a un nom, il échappe à la terreur d'une parole sans limite : la réalité s'amaigrit et se familiarise, elle entre dans un style, elle ne déborde pas le langage; la Littérature reste la valeur d'usage d'une société avertie par la forme même des mots, du sens de ce qu'elle consomme. Au contraire, lorsque le Récit est rejeté au profit d'autres genres littéraires, ou bien, lorsque à l'intérieur de la narration, le passé simple est remplacé par des formes moins ornementales, plus fraîches, plus denses et plus proches de la parole (le présent ou le passé composé), la Littérature devient dépositaire de l'épaisseur de l'existence, et non de sa signification. Séparés de l'Histoire, les actes ne le sont plus des personnes.

On s'explique alors ce que le passé simple du Roman a d'utile et d'intolérable : il est un mensonge manifesté; il trace le champ d'une vraisemblance qui dévoilerait le possible dans le temps même où elle le désignerait comme faux. La finalité commune du Roman et de l'Histoire narrée, c'est d'aliéner les faits : le passé simple est l'acte même de possession de la société sur son passé et son possible. Il institue un continu crédible mais dont l'illusion est affichée, il est le terme ultime d'une dialectique formelle qui habillerait le fait irréel des vêtements successifs de la vérité, puis du mensonge dénoncé. Cela doit être mis en rapport avec une certaine mythologie de l'universel, propre à la société bourgeoise, dont le Roman est un produit caractérisé : donner à l'imaginaire la caution formelle du réel, mais laisser à ce signe l'ambiguïté d'un objet double, à la fois vraisemblable et faux, c'est une opération constante dans tout l'art occidental, pour qui le faux égale le vrai, non par agnosticisme ou duplicité poétique, mais parce que le vrai est censé contenir un germe d'universel ou, si l'on préfère, une essence capable de féconder, par simple reproduction, des ordres différents par l'éloignement ou la fiction. C'est par un procédé de ce genre que la bourgeoisie triomphante du siècle a pu considérer ses propres valeurs comme universelles et reporter sur des parties absolument hétérogènes de sa société tous les Noms de sa morale. Cela est proprement le mécanisme du mythe, et le Roman – et dans le Roman, le passé simple, sont des objets mythologiques, qui superposent à leur intention immédiate, le recours second à une dogmatique, ou mieux encore, à une pédagogie, puisqu'il s'agit de livrer une essence sous les espèces d'un artifice. Pour saisir la signification du passé simple, il suffit de comparer l'art romanesque occidental à telle tradition chinoise, par exemple, où l'art n'est rien d'autre que la perfection dans l'imitation du réel; mais là, rien, absolument aucun signe, ne doit distinguer l'objet naturel de l'objet artificiel : cette noix en bois ne doit pas me livrer, en même temps que l'image d'une noix, l'intention de me signaler l'art qui l'a fait naître. C'est, au contraire, ce que fait l'écriture romanesque. Elle a pour charge de placer le masque et en même temps de le désigner.

Cette fonction ambiguë du passé simple, on la retrouve dans un autre fait d'écriture : la troisième personne du Roman. On se souvient peut-être d'un roman d'Agatha Christie où toute l'invention consistait à dissimuler le meurtrier sous la première personne du récit. Le lecteur cherchait

l'assassin derrière tous les « il » de l'intrigue : il était sous
le « je ». Agatha Christie savait parfaitement que dans le
roman, d'ordinaire, le « je » est témoin, c'est le « il » qui
est acteur. Pourquoi? Le « il » est une convention type
du roman; à l'égal du temps narratif, il signale et accomplit
le fait romanesque; sans la troisième personne, il y a
impuissance à atteindre au roman, ou volonté de le détruire.
Le « il » manifeste formellement le mythe; or, en Occident
du moins, on vient de le voir, il n'y a pas d'art qui
ne désigne son masque du doigt. La troisième personne,
comme le passé simple, rend donc cet office à l'art romanesque et fournit à ses consommateurs la sécurité
d'une fabulation crédible et pourtant sans cesse manifestée
comme fausse.

Moins ambigu, le « je » est par là même moins romanesque : il est donc à la fois la solution la plus immédiate,
lorsque le récit reste en deçà de la convention (l'œuvre
de Proust par exemple ne veut être qu'une introduction
à la Littérature), et la plus élaborée, lorsque le « je » se
place au-delà de la convention et tente de la détruire
en renvoyant le récit au faux naturel d'une confidence
(tel est l'aspect retors de certains récits gidiens). De même,
l'emploi du « il » romanesque engage deux éthiques opposées : puisque la troisième personne du roman représente
une convention indiscutée, elle séduit les plus académiques
et les moins tourmentés aussi bien que les autres, qui
jugent finalement la convention nécessaire à la fraîcheur
de leur œuvre. De toute manière, elle est le signe d'un
pacte intelligible entre la société et l'auteur; mais elle
est aussi pour ce dernier le premier moyen de faire tenir
le monde de la façon qu'il veut. Elle est donc plus qu'une
expérience littéraire : un acte humain qui lie la création
à l'Histoire ou à l'existence.

Chez Balzac, par exemple, la multiplicité des « il », tout
ce vaste réseau de personnes minces par le volume de
leur corps, mais conséquentes par la durée de leurs actes,
décèle l'existence d'un monde dont l'Histoire est la première

donnée. Le « il » balzacien n'est pas le terme d'une gestation
partie d'un « je » transformé et généralisé; c'est l'élément
originel et brut du roman, le matériau et non le fruit
de la création : il n'y a pas une histoire balzacienne antérieure à l'histoire de chaque troisième personne du roman
balzacien. Le « il » de Balzac est analogue au « il » de
César : la troisième personne réalise ici une sorte d'état
algébrique de l'action, où l'existence a le moins de part
possible, au profit d'une liaison, d'une clarté ou d'un tragique des rapports humains. A l'opposé – ou en tout cas
antérieurement –, la fonction du « il » romanesque peut
être d'exprimer une expérience existentielle. Chez beaucoup
de romanciers modernes, l'histoire de l'homme se confond
avec le trajet de la conjugaison : parti d'un « je » qui
est encore la forme la plus fidèle de l'anonymat, l'homme-
auteur conquiert peu à peu le droit à la troisième personne,
au fur et à mesure que l'existence devient destin, et le
soliloque Roman. Ici l'apparition du « il » n'est pas le
départ de l'Histoire, elle est le terme d'un effort qui a
pu dégager d'un monde personnel d'humeurs et de mouvements une forme pure, significative, donc aussitôt évanouie,
grâce au décor parfaitement conventionnel et mince de
la troisième personne. C'est là certainement le trajet exemplaire des premiers romans de Jean Cayrol. Mais tandis
que chez les classiques – et l'on sait que pour l'écriture
le classicisme se prolonge jusqu'à Flaubert – le retrait
de la personne biologique atteste une installation de l'homme
essentiel, chez des romanciers comme Cayrol, l'envahisse-
ment du « il » est une conquête progressive menée contre
l'ombre épaisse du « je » existentiel; tant le Roman, identifié
par ses signes les plus formels, est un acte de sociabilité;
il institue la Littérature.

Maurice Blanchot a indiqué à propos de Kafka que
l'élaboration du récit impersonnel (on remarquera à propos
de ce terme que la « troisième personne » est toujours
donnée comme un degré négatif de la personne) était un
acte de fidélité à l'essence du langage, puisque celui-ci

tend naturellement vers sa propre destruction. On comprend alors que le « il » soit une victoire sur le « je », dans la mesure où il réalise un état à la fois plus littéraire et plus absent. Toutefois la victoire est sans cesse compromise : la convention littéraire du « il » est nécessaire à l'amenuisement de la personne, mais risque à chaque instant de l'encombrer d'une épaisseur inattendue. La Littérature est comme le phosphore : elle brille le plus au moment où elle tente de mourir. Mais comme d'autre part, elle est un acte qui implique nécessairement la durée – surtout dans le Roman –, il n'y a jamais finalement de Roman sans Belles-Lettres. Aussi la troisième personne du Roman est-elle l'un des signes les plus obsédants de ce tragique de l'écriture, né au siècle dernier, lorsque, sous le poids de l'Histoire, la Littérature s'est trouvée disjointe de la société qui la consomme. Entre la troisième personne de Balzac et celle de Flaubert, il y a tout un monde (celui de 1848) : là une Histoire âpre dans son spectacle, mais cohérente et sûre, le triomphe d'un ordre; ici un art, qui, pour échapper à sa mauvaise conscience, charge la convention ou tente de la détruire avec emportement. La modernité commence avec la recherche d'une Littérature impossible.

Ainsi l'on retrouve, dans le Roman, cet appareil à la fois destructif et résurrectionnel propre à tout l'art moderne. Ce qu'il s'agit de détruire, c'est la durée, c'est-à-dire la liaison ineffable de l'existence : l'ordre, que ce soit celui du continu poétique ou celui des signes romanesques, celui de la terreur ou celui de la vraisemblance, l'ordre est un meurtre intentionnel. Mais ce qui reconquiert l'écrivain, c'est encore la durée, car il est impossible de développer une négation dans le temps, sans élaborer un art positif, un ordre qui doit être à nouveau détruit. Aussi les plus grandes œuvres de la modernité s'arrêtent-elles le plus longtemps possible, par une sorte de tenue miraculeuse, au seuil de la Littérature, dans cet état vestibulaire où l'épaisseur de la vie est donnée, étirée sans pourtant être encore détruite par le couronnement d'un ordre des signes : par exemple, il y a la première personne de Proust, dont toute l'œuvre tient à un effort, prolongé et retardé vers la Littérature. Il y a Jean Cayrol qui n'accède volontairement au Roman qu'au terme le plus tardif du soliloque, comme si l'acte littéraire, suprêmement ambigu, n'accouchait d'une création consacrée par la société qu'au moment où il a réussi à détruire la densité existentielle d'une durée jusqu'alors sans signification.

Le Roman est une Mort; il fait de la vie un destin, du souvenir un acte utile, et de la durée un temps dirigé et significatif. Mais cette transformation ne peut s'accomplir qu'aux yeux de la société. C'est la société qui impose le Roman, c'est-à-dire un complexe de signes, comme transcendance et comme Histoire d'une durée. C'est donc à l'évidence de son intention, saisie dans la clarté des signes romanesques, que l'on reconnaît le pacte qui lie par toute la solennité de l'art l'écrivain à la société. Le passé simple et la troisième personne du Roman ne sont rien d'autre que ce geste fatal par lequel l'écrivain montre du doigt le masque qu'il porte. Toute la Littérature peut dire : « *Larvatus prodeo* », je m'avance en désignant mon masque du doigt. Que ce soit l'expérience inhumaine du poète, assumant la plus grave des ruptures, celle du langage social, ou que ce soit le mensonge crédible du romancier, la sincérité a ici besoin de signes faux, et évidemment faux, pour durer et pour être consommée. Le produit, puis finalement la source de cette ambiguïté, c'est l'écriture. Ce langage spécial, dont l'usage donne à l'écrivain une fonction glorieuse mais surveillée, manifeste une sorte de servitude invisible dans les premiers pas, qui est le propre de toute responsabilité : l'écriture, libre à ses débuts, est finalement le lien qui enchaîne l'écrivain à une Histoire elle-même enchaînée : la société le marque des signes bien clairs de l'art afin de l'entraîner plus sûrement dans sa propre aliénation.

Y a-t-il une écriture
poétique?

Aux temps classiques, la prose et la poésie sont des grandeurs, leur différence est mesurable; elles ne sont ni plus ni moins éloignées que deux nombres différents, comme eux contiguës, mais autres par la différence même de leur quantité. Si j'appelle prose un discours minimum, véhicule le plus économique de la pensée, et si j'appelle a, b, c, des attributs particuliers du langage, inutiles mais décoratifs, tels que le mètre, la rime ou le rituel des images, toute la surface des mots se logera dans la double équation de M. Jourdain :

$$\text{Poésie} = \text{Prose} + a + b + c$$
$$\text{Prose} = \text{Poésie} - a - b - c$$

D'où il ressort évidemment que la Poésie est toujours différente de la Prose. Mais cette différence n'est pas d'essence, elle est de quantité. Elle n'attente donc pas à l'unité du langage, qui est un dogme classique. On dose différemment les façons de parler selon les occasions sociales, ici, prose ou éloquence, là, poésie ou préciosité, tout un rituel mondain des *expressions*, mais partout un seul langage, qui réfléchit les catégories éternelles de l'esprit. La poésie classique n'était sentie que comme une variation ornementale de la Prose, le fruit d'un *art* (c'est-à-dire d'une technique), jamais comme un langage différent ou comme le produit d'une sensibilité particulière. Toute poésie n'est alors que l'équation décorative, allusive ou chargée, d'une prose virtuelle qui gît en essence et en puissance

2

dans n'importe quelle façon de s'exprimer. « Poétique »,
aux temps classiques, ne désigne aucune étendue, aucune
épaisseur particulière du sentiment, aucune cohérence, aucun
univers séparé, mais seulement l'inflexion d'une technique
verbale, celle de « s'exprimer » selon des règles plus belles,
donc plus sociales que celles de la conversation, c'est-à-dire
de projeter hors d'une pensée intérieure issue tout armée
de l'Esprit, une parole socialisée par l'évidence même de
sa convention.

De cette structure, on sait qu'il ne reste rien dans la
poésie moderne, celle qui part, non de Baudelaire, mais
de Rimbaud, sauf à reprendre sur un mode traditionnel
aménagé les impératifs formels de la poésie classique :
les poètes instituent désormais leur parole comme une
Nature fermée, qui embrasserait à la fois la fonction et
la structure du langage. La Poésie n'est plus alors une
Prose décorée d'ornements ou amputée de libertés. Elle
est une qualité irréductible et sans hérédité. Elle n'est
plus attribut, elle est substance et, par conséquent, elle
peut très bien renoncer aux signes, car elle porte sa nature
en elle, et n'a que faire de signaler à l'extérieur son
identité : les langages poétiques et prosaïques sont suffisamment séparés pour pouvoir se passer des signes mêmes
de leur altérité.

En outre, les rapports prétendus de la pensée et du
langage sont inversés; dans l'art classique, une pensée
toute formée accouche d'une parole qui l'« exprime », la
« traduit ». La pensée classique est sans durée, la poésie
classique n'a que celle qui est nécessaire à son agencement
technique. Dans la poétique moderne, au contraire, les
mots produisent une sorte de continu formel dont émane
peu à peu une densité intellectuelle ou sentimentale impossible sans eux; la parole est alors le temps épais d'une
gestation plus spirituelle, pendant laquelle la « pensée » est
préparée, installée peu à peu par le hasard des mots.
Cette chance verbale, d'où va tomber le fruit mûr d'une
signification, suppose donc un temps poétique qui n'est

plus celui d'une « fabrication », mais celui d'une aventure possible, la rencontre d'un signe et d'une intention. La poésie moderne s'oppose à l'art classique par une différence qui saisit toute la structure du langage, sans laisser entre ces deux poésies d'autre point commun qu'une même intention sociologique.

L'économie du langage classique (Prose et Poésie) est relationnelle, c'est-à-dire que les mots y sont abstraits le plus possible au profit des rapports. Aucun mot n'y est dense par lui-même, il est à peine le signe d'une chose, il est bien plus la voie d'une liaison. Loin de plonger dans une réalité intérieure consubstantielle à son dessin, il s'étend, aussitôt proféré, vers d'autres mots, de façon à former une chaîne superficielle d'intentions. Un regard sur le langage mathématique permettra peut-être de comprendre la nature relationnelle de la prose et de la poésie classiques : on sait que dans l'écriture mathématique, non seulement chaque quantité est pourvue d'un signe, mais encore les rapports qui lient ces quantités sont eux aussi transcrits, par une marque d'opération, d'égalité ou de différence; on peut dire que tout le mouvement du continu mathématique provient d'une lecture explicite de ses liaisons. Le langage classique est animé par un mouvement analogue, bien qu'évidemment moins rigoureux : ses « mots », neutralisés, absentés par le recours sévère à une tradition qui absorbe leur fraîcheur, fuient l'accident sonore ou sémantique qui concentrerait en un point la saveur du langage et en arrêterait le mouvement intelligent au profit d'une volupté mal distribuée. Le continu classique est une succession d'éléments dont la densité est égale, soumis à une même pression émotionnelle, et retirant d'eux toute tendance à une signification individuelle et comme inventée. Le lexique poétique lui-même est un lexique d'usage, non d'invention : les images y sont particulières en corps, non isolément, par coutume, non par création. La fonction du poète classique n'est donc pas de trouver des mots nouveaux, plus denses ou plus éclatants, il est d'ordonner un protocole ancien, de parfaire la symétrie ou la concision d'un rapport, d'amener ou de réduire une pensée à la limite exacte d'un mètre. Les concetti classiques sont des concetti de rapports, non de mots : c'est un art de l'expression, non de l'invention ; les mots, ici, ne reproduisent pas comme plus tard, par une sorte de hauteur violente et inattendue, la profondeur et la singularité d'une expérience ; ils sont aménagés en surface, selon les exigences d'une économie élégante ou décorative. On s'enchante de la formulation qui les assemble, non de leur puissance ou de leur beauté propres.

Sans doute la parole classique n'atteint pas à la perfection fonctionnelle du réseau mathématique : les rapports n'y sont pas manifestés par des signes spéciaux, mais seulement par des accidents de forme ou de disposition. C'est le retrait même des mots, leur alignement, qui accomplit la nature relationnelle du discours classique ; usés dans un petit nombre de rapports toujours semblables, les mots classiques sont en route vers une algèbre : la figure rhétorique, le cliché sont les instruments virtuels d'une liaison ; ils ont perdu leur densité au profit d'un état plus solidaire du discours ; ils opèrent à la façon des valences chimiques, dessinant une aire verbale pleine de connexions symétriques, d'étoiles et de nœuds d'où surgissent, sans jamais le repos d'un étonnement, de nouvelles intentions de signification. Les parcelles du discours classique ont à peine livré leur sens qu'elles deviennent des véhicules ou des annonces, transportant toujours plus loin un sens qui ne veut se déposer au fond d'un mot, mais s'étendre à la mesure d'un geste total d'intellection, c'est-à-dire de communication.

Or la distorsion que Hugo a tenté de faire subir à l'alexandrin, qui est le plus relationnel de tous les mètres, contient déjà tout l'avenir de la poésie moderne, puisqu'il s'agit d'anéantir une intention de rapports pour lui substituer une explosion de mots. La poésie moderne, en effet, puisqu'il faut l'opposer à la poésie classique et à toute prose, détruit la nature spontanément fonctionnelle du langage et n'en laisse subsister que les assises lexicales. Elle ne garde des rapports que leur mouvement, leur musique, non leur vérité. Le Mot éclate au-dessus d'une ligne de rapports évidés, la grammaire est dépourvue de sa finalité, elle devient prosodie, elle n'est plus qu'une inflexion qui dure pour présenter le Mot. Les rapports ne sont pas à proprement parler supprimés, ils sont simplement des places gardées, ils sont une parodie de rapports et ce néant est nécessaire car il faut que la densité du Mot s'élève hors d'un enchantement vide, comme un bruit et un signe sans fond, comme « une fureur et un mystère ».

Dans le langage classique, ce sont les rapports qui mènent le mot puis l'emportent aussitôt vers un sens toujours projeté; dans la poésie moderne, les rapports ne sont qu'une extension du mot, c'est le Mot qui est « la demeure », il est implanté comme une origine dans la prosodie des fonctions, entendues mais absentes. Ici les rapports fascinent, c'est le Mot qui nourrit et comble comme le dévoilement soudain d'une vérité; dire que cette vérité est d'ordre poétique, c'est seulement dire que le Mot poétique ne peut jamais être faux parce qu'il est total; il brille d'une liberté infinie et s'apprête à rayonner vers mille rapports incertains et possibles. Les rapports fixes abolis, le mot n'a plus qu'un projet vertical, il est comme un bloc, un pilier qui plonge dans un total de sens, de réflexes et de rémanences : il est un signe debout. Le mot poétique est ici un acte sans passé immédiat, un acte sans entours, et qui ne propose que l'ombre épaisse des réflexes de toutes origines qui lui sont attachés. Ainsi sous chaque Mot de la poésie moderne gît une sorte de géologie existentielle, où se rassemble le contenu total du Nom, et non plus son contenu électif comme dans la prose et dans la poésie classiques. Le Mot n'est plus dirigé *à l'avance* par l'intention générale d'un discours

socialisé; le consommateur de poésie, privé du guide des
rapports sélectifs, débouche sur le Mot, frontalement, et
le reçoit comme une quantité absolue, accompagnée de
tous ses possibles. Le Mot est ici encyclopédique, il contient
simultanément toutes les acceptions parmi lesquelles un
discours relationnel lui aurait imposé de choisir. Il
accomplit donc un état qui n'est possible que dans le
dictionnaire ou dans la poésie, là où le nom peut vivre
privé de son article, amené à une sorte d'état zéro, gros
à la fois de toutes les spécifications passées et futures.
Le Mot a ici une forme générique, il est une catégorie.
Chaque mot poétique est ainsi un objet inattendu, une
boîte de Pandore d'où s'envolent toutes les virtualités du
langage; il est donc produit et consommé avec une curiosité
particulière, une sorte de gourmandise sacrée. Cette Faim
du Mot, commune à toute la poésie moderne, fait de
la parole poétique une parole terrible et inhumaine. Elle
institue un discours plein de trous et plein de lumières,
plein d'absences et de signes surnourrissants, sans prévision
ni permanence d'intention et par là si opposé à la fonction
sociale du langage, que le simple recours à une parole
discontinue ouvre la voie de toutes les Surnatures.

Que signifie en effet l'économie rationnelle du langage
classique sinon que la Nature est pleine, possédable, sans
fuite et sans ombre, tout entière soumise aux rêts de
la parole? Le langage classique se réduit toujours à un
continu persuasif, il postule le dialogue, il institue un
univers où les hommes ne sont pas seuls, où les mots
n'ont jamais le poids terrible des choses, où la parole
est toujours la rencontre d'autrui. Le langage classique
est porteur d'euphorie parce que c'est un langage immédiatement social. Il n'y a aucun genre, aucun écrit classique
qui ne se suppose une consommation collective et comme
parlée; l'art littéraire classique est un objet qui circule

entre personnes assemblées par la classe, c'est un produit conçu pour la transmission orale, pour une consommation réglée selon les contingences mondaines : c'est essentiellement un langage parlé, en dépit de sa codification sévère.

On a vu qu'au contraire la poésie moderne détruisait les rapports du langage et ramenait le discours à des stations de mots. Cela implique un renversement dans la connaissance de la Nature. Le discontinu du nouveau langage poétique institue une Nature interrompue qui ne se révèle que par blocs. Au moment même où le retrait des fonctions fait la nuit sur les liaisons du monde, l'objet prend dans le discours une place exhaussée : la poésie moderne est une poésie objective. La Nature y devient un discontinu d'objets solitaires et terribles, parce qu'ils n'ont que des liaisons virtuelles; personne ne choisit pour eux un sens privilégié ou un emploi ou un service, personne ne leur impose une hiérarchie, personne ne les réduit à la signification d'un comportement mental ou d'une intention, c'est-à-dire finalement d'une tendresse. L'éclatement du mot poétique institue alors un objet absolu; la Nature devient une succession de verticalités, l'objet se dresse tout d'un coup, empli de tous ses possibles : il ne peut que jalonner un monde non comblé et par là même terrible. Ces mots-objets sans liaison, parés de toute la violence de leur éclatement, dont la vibration purement mécanique touche étrangement le mot suivant mais s'éteint aussitôt, ces mots poétiques excluent les hommes : il n'y a pas d'humanisme poétique de la modernité : ce discours debout est un discours plein de terreur, c'est-à-dire qu'il met l'homme en liaison non pas avec les autres hommes, mais avec les images les plus inhumaines de la Nature; le ciel, l'enfer, le sacré, l'enfance, la folie, la matière pure, etc.

A ce moment-là, on peut difficilement parler d'une écriture poétique, car il s'agit d'un langage dont la violence d'autonomie détruit toute portée éthique. Le geste oral vise ici à modifier la Nature, il est une démiurgie; il n'est pas une attitude de conscience mais un acte de coercition. Tel est du moins le langage des poètes modernes qui vont jusqu'au bout de leur dessein et assument la Poésie, non comme un exercice spirituel, un état d'âme ou une mise en position, mais comme la splendeur et la fraîcheur d'un langage rêvé. Pour ces poètes-là, il est aussi vain de parler d'écriture que de sentiment poétique. La poésie moderne, dans son absolu, chez un Char, par exemple, est au-delà de ce ton diffus, de cette *aura* précieuse, qui sont bien, eux, une écriture, et qu'on appelle ordinairement sentiment poétique. Il n'y a pas d'objection à parler d'une écriture poétique à propos des classiques et de leurs épigones, ou encore de la prose poétique dans le goût des *Nourritures terrestres*, où la Poésie est véritablement une certaine éthique du langage. L'écriture, ici comme là, absorbe le style, et on peut imaginer que, pour les hommes du XVIIᵉ siècle, il n'était pas facile d'établir une différence *immédiate*, et surtout d'ordre poétique, entre Racine et Pradon, tout comme il n'est pas facile pour un lecteur moderne de juger ces poètes contemporains qui usent de la même écriture poétique, uniforme et indécise, parce que pour eux la Poésie est un *climat*, c'est-à-dire essentiellement une convention du langage. Mais lorsque le langage poétique met radicalement la Nature en question, par le seul effet de sa structure, sans recourir au contenu du discours et sans s'arrêter au relais d'une idéologie, il n'y a plus d'écriture, il n'y a que des styles, à travers lesquels l'homme se retourne complètement et affronte le monde objectif sans passer par aucune des figures de l'Histoire ou de la sociabilité.

Deuxième partie

Triomphe et rupture
de l'écriture bourgeoise

Il y a, dans la Littérature préclassique, l'apparence d'une pluralité des écritures; mais cette variété semble bien moins grande si l'on pose ces problèmes de langage en termes de structure, et non plus en termes d'art. Esthétiquement, le XVIᵉ siècle et le début du XVIIᵉ siècle montrent un foisonnement assez libre des langages littéraires, parce que les hommes sont encore engagés dans une connaissance de la Nature et non dans une expression de l'essence humaine; à ce titre l'écriture encyclopédique de Rabelais, ou l'écriture précieuse de Corneille – pour ne donner que des moments typiques – ont pour forme commune un langage où l'ornement n'est pas encore rituel, mais constitue en soi un procédé d'investigation appliqué à toute l'étendue du monde. C'est ce qui donne à cette écriture préclassique l'allure même de la nuance et l'euphorie d'une liberté. Pour un lecteur moderne, l'impression de variété est d'autant plus forte que la langue paraît encore essayer des structures instables et qu'elle n'a pas fixé définitivement l'esprit de sa syntaxe et les lois d'accroissement de son vocabulaire. Pour reprendre la distinction entre « langue » et « écriture », on peut dire que jusque vers 1650, la Littérature française n'avait pas encore dépassé une problématique de la langue, et que par là même elle ignorait encore l'écriture. En effet, tant que la langue hésite sur sa structure même, une morale du langage est impossible; l'écriture n'apparaît qu'au moment où la langue, constituée nationalement, devient une sorte de négativité, un horizon qui sépare ce qui

est défendu et ce qui est permis, sans plus s'interroger
sur les origines ou sur les justifications de ce tabou. En
créant une raison intemporelle de la langue, les grammai-
riens classiques ont débarrassé les Français de tout problème linguistique, et cette langue épurée est devenue une
écriture, c'est-à-dire une valeur de langage, donnée immédiatement comme universelle en vertu même des conjonctures
historiques.

La diversité des « genres » et le mouvement des styles
à l'intérieur du dogme classique sont des données esthéti-
ques, non de structure; ni l'une ni l'autre ne doivent faire
illusion : c'est bien d'une écriture unique, à la fois instrumentale et ornementale, que la société française a disposé
pendant tout le temps où l'idéologie bourgeoise a conquis
et triomphé. Écriture instrumentale, puisque la forme était
supposée au service du fond, comme une équation algébrique est au service d'un acte opératoire; ornementale, puisque
cet instrument était décoré d'accidents extérieurs à sa fonction, empruntés sans honte à la Tradition, c'est-à-dire que
cette écriture bourgeoise, reprise par des écrivains différents,
ne provoquait jamais le dégoût de son hérédité, n'étant
qu'un décor heureux sur lequel s'enlevait l'acte de la pensée.
Sans doute les écrivains classiques ont-ils connu, eux aussi,
une problématique de la forme, mais le débat ne portait
nullement sur la variété et le sens des écritures, encore
moins sur la structure du langage; seule la rhétorique
était en cause, c'est-à-dire l'ordre du discours pensé selon
une fin de persuasion. A la singularité de l'écriture bourgeoise correspondait donc la pluralité des rhétoriques;
inversement, c'est au moment même où les traités de rhétorique ont cessé d'intéresser, vers le milieu du XIXe siècle,
que l'écriture classique a cessé d'être universelle et que
les écritures modernes sont nées.

Cette écriture classique est évidemment une écriture de
classe. Née au XVIIe siècle dans le groupe qui se tenait
directement autour du pouvoir, formée à coups de décisions
dogmatiques, épurée rapidement de tous les procédés gram-

maticaux qu'avait pu élaborer la subjectivité spontanée de l'homme populaire, et dressée au contraire à un travail de définition, l'écriture bourgeoise a d'abord été donnée, avec le cynisme habituel aux premiers triomphes politiques, comme la langue d'une classe minoritaire et privilégiée; en 1647, Vaugelas recommande l'écriture classique comme un état de fait, non de droit; la clarté n'est encore que l'usage de la cour. En 1660, au contraire, dans la grammaire de Port-Royal par exemple, la langue classique est revêtue des caractères de l'universel, la clarté devient une valeur. En fait, la clarté est un attribut purement rhétorique, elle n'est pas une qualité générale du langage, possible dans tous les temps et dans tous les lieux, mais seulement l'appendice idéal d'un certain discours, celui-là même qui est soumis à une intention permanente de persuasion. C'est parce que la prébourgeoisie des temps monarchiques et la bourgeoisie des temps post-révolutionnaires, usant d'une même écriture, ont développé une mythologie essentialiste de l'homme, que l'écriture classique, une et universelle, a abandonné tout tremblement au profit d'un continu dont chaque parcelle était *choix*, c'est-à-dire élimination radicale de tout possible du langage. L'autorité politique, le dogmatisme de l'Esprit, et l'unité du langage classique sont donc les figures d'un même mouvement historique.

Aussi n'y a-t-il pas à s'étonner que la Révolution n'ait rien changé à l'écriture bourgeoise, et qu'il n'y ait qu'une différence fort mince entre l'écriture d'un Fénelon et celle d'un Mérimée. C'est que l'idéologie bourgeoise a duré, exempte de fissure, jusqu'en 1848 sans s'ébranler le moins du monde au passage d'une révolution qui donnait à la bourgeoisie le pouvoir politique et social, nullement le pouvoir intellectuel, qu'elle détenait depuis longtemps déjà. De Laclos à Stendhal, l'écriture bourgeoise n'a eu qu'à se reprendre et à se continuer par-dessus la courte vacance des troubles. Et la révolution romantique, si nominalement attachée à troubler la forme, a sagement conservé l'écriture de son idéologie. Un peu de lest jeté mélangeant les genres

et les mots lui a permis de préserver l'essentiel du langage
classique, l'instrumentalité : sans doute un instrument qui
prend de plus en plus de « présence » (notamment chez
Chateaubriand), mais enfin un instrument utilisé sans hauteur et ignorant toute solitude du langage. Seul Hugo,
en tirant des dimensions charnelles de sa durée et de son
espace, une thématique verbale particulière, qui ne pouvait
plus se lire dans la perspective d'une tradition, mais seulement par référence à l'envers formidable de sa propre
existence, seul Hugo, par le poids de son style, a pu
faire pression sur l'écriture classique et l'amener à la veille
d'un éclatement. Aussi le mépris de Hugo cautionne-t-il
toujours la même mythologie formelle, à l'abri de quoi
c'est toujours la même écriture dix-huitiémiste, témoin des
fastes bourgeois, qui reste la norme du français de bon
aloi, ce langage bien clos, séparé de la société par toute
l'épaisseur du mythe littéraire, sorte d'écriture sacrée reprise
indifféremment par les écrivains les plus différents à titre
de loi austère ou de plaisir gourmand, tabernacle de ce
mystère prestigieux : la Littérature française.

Or, les années situées alentour 1850 amènent la conjonction de trois grands faits historiques nouveaux : le renversement de la démographie européenne; la substitution de
l'industrie métallurgique à l'industrie textile, c'est-à-dire la
naissance du capitalisme moderne; la sécession (consommée
par les journées de juin 48) de la société française en
trois classes ennemies, c'est-à-dire la ruine définitive des
illusions du libéralisme. Ces conjonctures jettent la bourgeoisie dans une situation historique nouvelle. Jusqu'alors,
c'était l'idéologie bourgeoise qui donnait elle-même la
mesure de l'universel, le remplissant sans contestation;
l'écrivain bourgeois, seul juge du malheur des autres hommes, n'ayant en face de lui aucun autrui pour le regarder,
n'était pas déchiré entre sa condition sociale et sa vocation

intellectuelle. Dorénavant, cette même idéologie n'apparaît plus que comme une idéologie parmi d'autres possibles; l'universel lui échappe, elle ne peut se dépasser qu'en se condamnant; l'écrivain devient la proie d'une ambiguïté, puisque sa conscience ne recouvre plus exactement sa condition. Ainsi naît un tragique de la Littérature.

C'est alors que les écritures commencent à se multiplier. Chacune désormais, la travaillée, la populiste, la neutre, la parlée, se veut l'acte initial par lequel l'écrivain assume ou abhorre sa condition bourgeoise. Chacune est une tentative de réponse à cette problématique orphéenne de la Forme moderne : des écrivains sans littérature. Depuis cent ans, Flaubert, Mallarmé, Rimbaud, les Goncourt, les surréalistes, Queneau, Sartre, Blanchot ou Camus, ont dessiné – dessinent encore – certaines voies d'intégration, d'éclatement ou de naturalisation du langage littéraire; mais l'enjeu, ce n'est pas telle aventure de la forme, telle réussite du travail rhétorique ou telle audace du vocabulaire. Chaque fois que l'écrivain trace un complexe de mots, c'est l'existence même de la Littérature qui est mise en question; ce que la modernité donne à lire dans la pluralité de ses écritures, c'est l'impasse de sa propre Histoire.

L'artisanat du style

« La forme coûte cher », disait Valéry quand on lui demandait pourquoi il ne publiait pas ses cours du Collège de France. Pourtant il y a eu toute une période, celle de l'écriture bourgeoise triomphante, où la forme coûtait à peu près le prix de la pensée; on veillait sans doute à son économie, à son euphémie, mais la forme coûtait d'autant moins que l'écrivain usait d'un instrument déjà formé, dont les mécanismes se transmettaient intacts sans aucune obsession de nouveauté; la forme n'était pas l'objet d'une propriété; l'universalité du langage classique provenait de ce que le langage était un bien communal, et que seule la pensée était frappée d'altérité. On pourrait dire que, pendant tout ce temps, la forme avait une valeur d'usage.

Or, on a vu que, vers 1850, il commence à se poser à la Littérature un problème de justification : l'écriture va se chercher des alibis; et précisément parce qu'une ombre de doute commence à se lever sur son usage, toute une classe d'écrivains soucieux d'assumer à fond la responsabilité de la tradition va substituer à la valeur-usage de l'écriture, une valeur-travail. L'écriture sera sauvée non pas en vertu de sa destination, mais grâce au travail qu'elle aura coûté. Alors commence à s'élaborer une imagerie de l'écrivain-artisan qui s'enferme dans un lieu légendaire, comme un ouvrier en chambre et dégrossit, taille, polit et sertit sa forme, exactement comme un lapidaire dégage l'art de la matière, passant à ce travail des heures régulières de solitude et d'effort : des écrivains comme Gautier (maître impeccable des Belles Lettres), Flaubert (rodant ses phrases à Croisset), Valéry (dans sa chambre au petit matin), ou Gide (debout devant son pupitre comme devant un établi), forment une sorte de compagnonnage des Lettres françaises, où le labeur de la forme constitue le signe et la propriété d'une corporation. Cette valeur-travail remplace un peu la valeur-génie; on met une sorte de coquetterie à dire qu'on travaille beaucoup et très longtemps sa forme; il se crée même parfois une préciosité de la concision (travailler une matière, c'est en général en retrancher), bien opposée à la grande préciosité baroque (celle de Corneille par exemple); l'une exprime une connaissance de la Nature qui entraîne un élargissement du langage; l'autre, cherchant à produire un style littéraire aristocratique, installe les conditions d'une crise historique, qui s'ouvrira le jour où une finalité esthétique ne suffira plus à justifier la convention de ce langage anachronique, c'est à dire le jour où l'Histoire aura amené une disjonction évidente entre la vocation sociale de l'écrivain et l'instrument qui lui est transmis par la Tradition.

Flaubert, avec le plus d'ordre, a fondé cette écriture artisanale. Avant lui, le fait bourgeois était de l'ordre du pittoresque ou de l'exotique; l'idéologie bourgeoise donnait la mesure de l'universel et, prétendant à l'existence d'un homme pur, pouvait considérer avec euphorie le bourgeois comme un spectacle incommensurable à elle-même. Pour Flaubert, l'état bourgeois est un mal incurable qui poisse à l'écrivain, et qu'il ne peut traiter qu'en l'assumant dans la lucidité   ce qui est le propre d'un sentiment tragique. Cette Nécessité bourgeoise, qui appartient à Frédéric Moreau, à Emma Bovary, à Bouvard et à Pécuchet, exige, du moment qu'on la subit de face, un art également porteur d'une nécessité, armé d'une Loi. Flaubert a fondé une écriture normative qui contient   paradoxe – les règles

techniques d'un pathos. D'une part, il construit son récit
par successions d'essences, nullement selon un ordre phéno-
ménologique (comme le fera Proust); il fixe les temps
verbaux dans un emploi conventionnel, de façon qu'ils
agissent comme les *signes* de la Littérature, à l'exemple
d'un art qui avertirait de son artificiel; il élabore un rythme
écrit, créateur d'une sorte d'incantation, qui loin des normes
de l'éloquence parlée, touche un sixième sens, purement
littéraire, intérieur aux producteurs et aux consommateurs
de la Littérature. Et d'autre part, ce code du travail littéraire, cette somme d'exercices relatifs au labeur de l'écriture
soutiennent une sagesse, si l'on veut, et aussi une tristesse,
une franchise, puisque l'art flaubertien s'avance en montrant
son masque du doigt. Cette codification grégorienne du
langage littéraire visait, sinon à réconcilier l'écrivain avec
une condition universelle, du moins à lui donner la responsabilité de sa forme, à faire de l'écriture qui lui était
livrée par l'Histoire, un *art*, c'est-à-dire une convention
claire, un pacte sincère qui permette à l'homme de prendre
une situation familière dans une nature encore disparate.
L'écrivain donne à la société un art déclaré, visible à
tous dans ses normes, et en échange la société peut accepter
l'écrivain. Tel Baudelaire tenait à rattacher l'admirable
prosaïsme de sa poésie à Gautier, comme à une sorte
de fétiche de la forme *travaillée*, située sans doute hors
du pragmatisme de l'activité bourgeoise, et pourtant insérée
dans un ordre de travaux familiers, contrôlée par une
société qui reconnaissait en elle, non ses rêves, mais ses
méthodes. Puisque la Littérature ne pouvait être vaincue
à partir d'elle-même, ne valait-il pas mieux l'accepter ouvertement, et, condamné à ce bagne littéraire, y accomplir
« du bon travail »? Aussi la flaubertisation de l'écriture
est-elle le rachat général des écrivains, soit que les moins
exigeants s'y laissent aller sans problème, soit que les
plus purs y retournent comme à la reconnaissance d'une
condition fatale.

Écriture et révolution

L'artisanat du style a produit une sous-écriture, dérivée de Flaubert, mais adaptée aux desseins de l'école naturaliste. Cette écriture de Maupassant, de Zola et de Daudet, qu'on pourrait appeler l'écriture réaliste, est un combinat des signes formels de la Littérature (passé simple, style indirect, rythme écrit) et des signes non moins formels du réalisme (pièces rapportées du langage populaire, mots forts, dialectaux, etc.), en sorte qu'aucune écriture n'est plus artificielle que celle qui a prétendu dépeindre au plus près la Nature. Sans doute l'échec n'est-il pas seulement au niveau de la forme mais aussi de la théorie : il y a dans l'esthétique naturaliste une convention du réel comme il y a une fabrication de l'écriture. Le paradoxe, c'est que l'humiliation des sujets n'a pas du tout entraîné un retrait de la forme. L'écriture neutre est un fait tardif, elle ne sera inventée que bien après le réalisme, par des auteurs comme Camus, moins sous l'effet d'une esthétique du refuge que par la recherche d'une écriture enfin innocente. L'écriture réaliste est loin d'être neutre, elle est au contraire chargée des signes les plus spectaculaires de la fabrication.

Ainsi, en se dégradant, en abandonnant l'exigence d'une Nature verbale franchement étrangère au réel, sans cependant prétendre retrouver le langage de la Nature sociale – comme le fera Queneau – l'école naturaliste a produit paradoxalement un art mécanique qui a signifié la conven-

tion littéraire avec une ostentation inconnue jusqu'alors.
L'écriture flaubertienne élaborait peu à peu un enchantement, il est encore possible de se perdre dans une lecture
de Flaubert comme dans une nature pleine de voix secondes
où les signes persuadent bien plus qu'ils n'expriment; l'écriture réaliste, elle, ne peut jamais convaincre; elle est
condamnée à seulement dépeindre, en vertu de ce dogme
dualiste qui veut qu'il n'y ait jamais qu'une seule forme
optimale pour « exprimer » une réalité inerte comme un
objet, sur laquelle l'écrivain n'aurait de pouvoir que par
son art d'accommoder les signes.

Ces auteurs sans style – Maupassant, Zola, Daudet
et leurs épigones – ont pratiqué une écriture qui fut pour
eux le refuge et l'exposition des opérations artisanales
qu'ils croyaient avoir chassées d'une esthétique purement
passive. On connaît les déclarations de Maupassant sur
le travail de la forme, et tous les procédés naïfs de l'École,
grâce auxquels la phrase naturelle est transformée en une
phrase artificielle destinée à témoigner de sa finalité purement littéraire, c'est-à-dire, ici, du travail qu'elle a coûté.
On sait que dans la stylistique de Maupassant, l'intention
d'art est réservée à la syntaxe, le lexique doit rester en
deçà de la Littérature. Bien écrire – désormais seul signe
du fait littéraire – c'est naïvement changer un complément
de place, c'est mettre un mot « en valeur », en croyant
obtenir par là un rythme « expressif ». Or l'expressivité
est un mythe : elle n'est que la convention de l'expressivité.

Cette écriture conventionnelle a toujours été un lieu
de prédilection pour la critique scolaire qui mesure le
prix d'un texte à l'évidence du travail qu'il a coûté. Or
rien n'est plus spectaculaire que d'essayer des combinaisons
de compléments, comme un ouvrier qui met en place
une pièce délicate. Ce que l'école admire dans l'écriture
d'un Maupassant ou d'un Daudet, c'est un signe littéraire
enfin détaché de son contenu, posant sans ambiguïté la
Littérature comme une catégorie sans aucun rapport avec
d'autres langages, et instituant par là une intelligibilité

idéale des choses. Entre un prolétariat exclu de toute culture et une intelligentsia qui a déjà commencé à mettre en question la Littérature elle-même, la clientèle moyenne des écoles primaires et secondaires, c'est-à-dire en gros la petite bourgeoisie, va donc trouver dans l'écriture artistico-réaliste – dont seront faits une bonne part des romans commerciaux – l'image privilégiée d'une Littérature qui a tous les signes éclatants et intelligibles de son identité. Ici, la fonction de l'écrivain n'est pas tant de créer une œuvre, que de fournir une Littérature qui se voit de loin.

Cette écriture petite-bourgeoise a été reprise par les écrivains communistes, parce que, pour le moment, les normes artistiques du prolétariat ne peuvent être différentes de celles de la petite-bourgeoisie (fait d'ailleurs conforme à la doctrine), et parce que le dogme même du réalisme socialiste oblige fatalement à une écriture conventionnelle, chargée de signaler bien visiblement un contenu impuissant à s'imposer sans une forme qui l'identifie. On comprend donc le paradoxe selon lequel l'écriture communiste multiplie les signes les plus gros de la Littérature, et bien loin de rompre avec une forme, somme toute typiquement bourgeoise – du moins dans le passé –, continue d'assumer sans réserve les soucis formels de l'art d'écrire petit-bourgeois (d'ailleurs accrédité auprès du public communiste par les rédactions de l'école primaire).

Le réalisme socialiste français a donc repris l'écriture du réalisme bourgeois, en mécanisant sans retenue tous les signes intentionnels de l'art. Voici par exemple quelques lignes d'un roman de Garaudy : « ...Le buste penché, lancé à corps perdu sur le clavier de la linotype... la joie chantait dans ses muscles, ses doigts dansaient, légers et puissants... la vapeur empoisonnée d'antimoine... faisait battre ses tempes et cogner ses artères, rendant plus ardentes sa force, sa colère et son exaltation. » On voit qu'ici rien n'est

donné sans métaphore, car il faut signaler lourdement
au lecteur que « c'est bien écrit » (c'est-à-dire que ce qu'il
consomme est de la Littérature). Ces métaphores, qui saisis-
sent le moindre verbe, ne sont pas du tout l'intention
d'une humeur qui chercherait à transmettre la singularité
d'une sensation, mais seulement une marque littéraire qui
situe un langage, tout comme une étiquette renseigne sur
un prix.

« Taper à la machine », « battre » (en parlant du sang)
ou « être heureux pour la première fois », c'est du langage
réel, ce n'est pas du langage réaliste; pour qu'il y ait
Littérature, il faut écrire : « pianoter » la linotype, « les
artères cognaient » ou « il étreignait la première minute
heureuse de sa vie ». L'écriture réaliste ne peut donc débou-
cher que sur une Préciosité. Garaudy écrit : « Après chaque
ligne, le bras grêle de la linotype enlevait sa pincée de
matrices dansantes » ou encore : « Chaque caresse de ses
doigts éveille et fait frissonner le carillon joyeux des
matrices de cuivre qui tombent dans les glissières en une
pluie de notes aiguës. » Ce jeune jargon, c'est celui de Cathos
et de Magdelon.

Évidemment, il faut faire la part de la médiocrité; dans
le cas de Garaudy, elle est immense. Chez André Stil,
on trouvera des procédés beaucoup plus discrets, qui
n'échappent cependant pas aux règles de l'écriture artistico-
réaliste. Ici la métaphore ne se prétend pas plus qu'un
cliché à peu près complètement intégré dans le langage
réel, et signalant la Littérature sans grands frais : « clair
comme de l'eau de roche », « mains parcheminées par le
froid », etc.; la préciosité est refoulée du lexique dans
la syntaxe, et c'est le découpage artificiel des compléments,
comme chez Maupassant, qui impose la Littérature (« d'une
main, elle soulève les genoux, pliée en deux »). Ce langage
saturé de convention ne donne le réel qu'entre guillemets :
on emploie des mots populistes, des tours négligés au
milieu d'une syntaxe purement littéraire : « C'est vrai, il
chahute drôlement, le vent », ou encore mieux : « En plein

vent, bérets et casquettes secoués au-dessus des yeux, ils
se regardent avec pas mal de curiosité » (le familier « pas
mal de » succède à un participe absolu, figure totalement
inconnue du langage parlé). Bien entendu, il faut réserver
le cas d'Aragon, dont l'hérédité littéraire est toute différente,
et qui a préféré teinter l'écriture réaliste d'une légère couleur
dix-huitiémiste, en mélangeant un peu Laclos à Zola.

Peut-être y a-t-il dans cette sage écriture des révolutionnaires, le sentiment d'une impuissance à créer dès maintenant une écriture. Peut-être y a-t-il aussi que seuls des
écrivains bourgeois peuvent sentir la compromission de
l'écriture bourgeoise : l'éclatement du langage littéraire a
été un fait de conscience non un fait de révolution. Il
y a sûrement que l'idéologie stalinienne impose la terreur
de toute problématique, même et surtout révolutionnaire :
l'écriture bourgeoise est jugée somme toute moins dangereuse que son propre procès. Aussi les écrivains communistes sont-ils les seuls à soutenir imperturbablement une
écriture bourgeoise que les écrivains bourgeois, eux, ont
condamnée depuis longtemps, du jour même où ils l'ont
sentie compromise dans les impostures de leur propre idéologie, c'est-à-dire du jour même où le marxisme s'est trouvé
justifié.

L'écriture et le silence

L'écriture artisanale, placée à l'intérieur du patrimoine bourgeois, ne dérange aucun ordre; privé d'autres combats, l'écrivain possède une passion qui suffit à le justifier : l'enfantement de la forme. S'il renonce à la libération d'un nouveau langage littéraire, il peut au moins renchérir sur l'ancien, le charger d'intentions, de préciosités, de splendeurs, d'archaïsmes, créer une langue riche et mortelle. Cette grande écriture traditionnelle, celle de Gide, de Valéry, de Montherlant, de Breton même, signifie que la forme, dans sa lourdeur, dans son drapé exceptionnel, est une valeur transcendante à l'Histoire, comme peut l'être le langage rituel des prêtres.

Cette écriture sacrée, d'autres écrivains ont pensé qu'ils ne pouvaient l'exorciser qu'en la disloquant; ils ont alors miné le langage littéraire, ils ont fait éclater à chaque instant la coque renaissante des clichés, des habitudes, du passé formel de l'écrivain; dans le chaos des formes, dans le désert des mots, ils ont pensé atteindre un objet absolument privé d'Histoire, retrouver la fraîcheur d'un état neuf du langage. Mais ces perturbations finissent par creuser leurs propres ornières, par créer leurs propres lois. Les Belles-Lettres menacent tout langage qui n'est pas purement fondé sur la parole sociale. Fuyant toujours plus en avant une syntaxe du désordre, la désintégration du langage ne peut conduire qu'à un silence de l'écriture. L'agraphie terminale de Rimbaud ou de certains surréalistes – tombés par là même dans l'oubli –, ce sabordage bouleversant de la Littérature, enseigne que, pour certains écrivains, le langage, première et dernière issue du mythe littéraire, recompose finalement ce qu'il prétendait fuir, qu'il n'y a pas d'écriture qui se soutienne révolutionnaire, et que tout silence de la forme n'échappe à l'imposture que par un mutisme complet. Mallarmé, sorte de Hamlet de l'écriture, exprime bien ce moment fragile de l'Histoire, où le langage littéraire ne se soutient que pour mieux chanter sa nécessité de mourir. L'agraphie typographique de Mallarmé veut créer autour des mots raréfiés une zone vide dans laquelle la parole, libérée de ses harmonies sociales et coupables, ne résonne heureusement plus. Le vocable, dissocié de la gangue des clichés habituels, des réflexes techniques de l'écrivain, est alors pleinement irresponsable de tous les contextes possibles; il s'approche d'un acte bref, singulier, dont la matité affirme une solitude, donc une innocence. Cet art a la structure même du suicide : le silence y est un temps poétique homogène qui coince entre deux couches et fait éclater le mot moins comme le lambeau d'un cryptogramme que comme une lumière, un vide, un meurtre, une liberté. (On sait tout ce que cette hypothèse d'un Mallarmé meurtrier du langage doit à Maurice Blanchot.) Ce langage mallarméen, c'est Orphée qui ne peut sauver ce qu'il aime qu'en y renonçant, et qui se retourne tout de même un peu; c'est la Littérature amenée aux portes de la Terre promise, c'est-à-dire aux portes d'un monde sans littérature, dont ce serait pourtant aux écrivains à porter témoignage.

Dans ce même effort de dégagement du langage littéraire, voici une autre solution : créer une écriture blanche, libérée de toute servitude à un ordre marqué du langage. Une comparaison empruntée à la linguistique rendra peut-être assez bien compte de ce fait nouveau : on sait que certains linguistes établissent entre les deux termes d'une polarité (singulier-pluriel, prétérit-présent), l'existence d'un troisième

terme, terme neutre ou terme-zéro; ainsi entre les modes
subjonctif et impératif, l'indicatif leur apparaît comme une
forme amodale. Toutes proportions gardées, l'écriture au
degré zéro est au fond une écriture indicative, ou si l'on
veut amodale; il serait juste de dire que c'est une écriture
de journaliste, si précisément le journalisme ne développait
en général des formes optatives ou impératives (c'est-à-dire
pathétiques). La nouvelle écriture neutre se place au milieu
de ces cris et de ces jugements, sans participer à aucun
d'eux; elle est faite précisément de leur absence; mais
cette absence est totale, elle n'implique aucun refuge, aucun
secret; on ne peut donc dire que c'est une écriture impassi-
ble; c'est plutôt une écriture innocente. Il s'agit de dépasser
ici la Littérature en se confiant à une sorte de langue
basique, également éloignée des langages vivants et du
langage littéraire proprement dit. Cette parole transparente,
inaugurée par *l'Étranger* de Camus, accomplit un style
de l'absence qui est presque une absence idéale du style;
l'écriture se réduit alors à une sorte de mode négatif
dans lequel les caractères sociaux ou mythiques d'un langage s'abolissent au profit d'un état neutre et inerte de
la forme; la pensée garde ainsi toute sa responsabilité,
sans se recouvrir d'un engagement accessoire de la forme
dans une Histoire qui ne lui appartient pas. Si l'écriture
de Flaubert contient une Loi, si celle de Mallarmé postule
un silence, si d'autres, celles de Proust, de Céline, de
Queneau, de Prévert, chacune à sa manière, se fondent
sur l'existence d'une nature sociale, si toutes ces écritures
impliquent une opacité de la forme, supposent une problématique du langage et de la société, établissant la parole
comme un objet qui doit être traité par un artisan, un
magicien ou un scripteur, mais non par un intellectuel,
l'écriture neutre retrouve réellement la condition première
de l'art classique : l'instrumentalité. Mais cette fois, l'instrument formel n'est plus au service d'une idéologie triomphante; il est le mode d'une situation nouvelle de l'écrivain,
il est la façon d'exister d'un silence; il perd volontairement

tout recours à l'élégance ou à l'ornementation, car ces deux dimensions introduiraient à nouveau dans l'écriture, le Temps, c'est-à-dire une puissance dérivante, porteuse d'Histoire. Si l'écriture est vraiment neutre, si le langage, au lieu d'être un acte encombrant et indomptable, parvient à l'état d'une équation pure, n'ayant pas plus d'épaisseur qu'une algèbre en face du creux de l'homme, alors la Littérature est vaincue, la problématique humaine est découverte et livrée sans couleur, l'écrivain est sans retour un honnête homme. Malheureusement rien n'est plus infidèle qu'une écriture blanche; les automatismes s'élaborent à l'endroit même où se trouvait d'abord une liberté, un réseau de formes durcies serre de plus en plus la fraîcheur première du discours, une écriture renaît à la place d'un langage indéfini. L'écrivain, accédant au classique, devient l'épigone de sa création primitive, la société fait de son écriture une manière et le renvoie prisonnier de ses propres mythes formels.

L'écriture et la parole

Il y a un peu plus de cent ans, les écrivains ignoraient généralement qu'il existât plusieurs façons – et fort différentes – de parler le français. Vers 1830, au moment ou la bourgeoisie, bonne enfant, se divertit de tout ce qui se trouve en limite de sa propre surface, c'est-à-dire dans la portion exiguë de la société qu'elle donne à partager aux bohèmes, aux concierges et aux voleurs, on commença d'insérer dans le langage littéraire proprement dit quelques pièces rapportées, empruntées aux langages inférieurs, pourvu qu'ils fussent bien excentriques (sans quoi ils auraient été menaçants). Ces jargons pittoresques décoraient la Littérature sans menacer sa structure. Balzac, Sue, Monnier, Hugo se plurent à restituer quelques formes bien aberrantes de la prononciation et du vocabulaire; argot des voleurs, patois paysan, jargon allemand, langage concierge. Mais ce langage social, sorte de vêtement théâtral accroché à une essence, n'engageait jamais la totalité de celui qui le parlait; les passions continuaient de fonctionner au-dessus de la parole.

Il fallut peut-être attendre Proust pour que l'écrivain confondît entièrement certains hommes avec leur langage, et ne donnât ses créatures que sous les pures espèces, sous le volume dense et coloré de leur parole. Alors que les créatures balzaciennes, par exemple, se réduisent facilement aux rapports de force de la société dont elles forment comme les relais algébriques, un personnage proustien, lui, se condense dans l'opacité d'un langage particulier, et, c'est à ce niveau que s'intègre et s'ordonne réellement toute sa situation historique : sa profession, sa classe, sa fortune, son hérédité, sa biologie. Ainsi, la Littérature commence à connaître la société comme une Nature dont elle pourrait peut-être reproduire les phénomènes. Pendant ces moments où l'écrivain suit les langages réellement parlés, non plus à titre pittoresque, mais comme des objets essentiels qui épuisent tout le contenu de la société, l'écriture prend pour lieu de ses réflexes la parole réelle des hommes; la littérature n'est plus un orgueil ou refuge, elle commence à devenir un acte lucide d'information, comme s'il lui fallait d'abord apprendre en le reproduisant le détail de la disparité sociale; elle s'assigne de rendre un compte immédiat, préalable à tout autre message, de la situation des hommes murés dans la langue de leur classe, de leur région, de leur profession, de leur hérédité ou de leur histoire.

A ce titre, le langage littéraire fondé sur la parole sociale ne se débarrasse jamais d'une vertu descriptive qui le limite, puisque l'universalité d'une langue – dans l'état actuel de la société – est un fait d'audition, nullement d'élocution : à l'intérieur d'une norme nationale comme le français, les parlers diffèrent de groupe à groupe, et chaque homme est prisonnier de son langage : hors de sa classe, le premier mot le signale, le situe entièrement et l'affiche avec toute son histoire. L'homme est offert, livré par son langage, trahi par une vérité formelle qui échappe à ses mensonges intéressés ou généreux. La diversité des langages fonctionne donc comme une Nécessité, et c'est pour cela qu'elle fonde un tragique.

Aussi la restitution du langage parlé, imaginé d'abord dans le mimétisme amusé du pittoresque, a-t-elle fini par exprimer tout le contenu de la contradiction sociale : dans l'œuvre de Céline, par exemple, l'écriture n'est pas au service d'une pensée, comme un décor réaliste réussi, qui

serait juxtaposé à la peinture d'une sous-classe sociale;
elle représente vraiment la plongée de l'écrivain dans l'opacité poisseuse de la condition qu'il décrit. Sans doute
s'agit-il toujours d'une *expression,* et la Littérature n'est
pas dépassée. Mais il faut convenir que de tous les moyens
de *description* (puisque jusqu'à présent la Littérature s'est
surtout voulue cela). l'appréhension d'un langage réel est
pour l'écrivain l'acte littéraire le plus humain. Et toute
une partie de la Littérature moderne est traversée par
les lambeaux plus ou moins précis de ce rêve : un langage
littéraire qui aurait rejoint la naturalité des langages
sociaux. (Il suffit de penser aux dialogues romanesques
de Sartre pour donner un exemple récent et connu.) Mais
quelle que soit la réussite de ces peintures, elles ne sont
jamais que des reproductions, des sortes d'airs encadrés
par de longs récitatifs d'une écriture entièrement conventionnelle.

Queneau a voulu précisément montrer que la
contamination parlée du discours écrit était possible dans
toutes ses parties et, chez lui, la socialisation du langage
littéraire saisit à la fois toutes les couches de l'écriture :
la graphie, le lexique – et ce qui est plus important quoique
moins spectaculaire –, le débit. Evidemment, cette écriture
de Queneau ne se situe pas en dehors de la Littérature,
puisque, toujours consommée par une partie restreinte de
la société, elle ne porte pas une universalité, mais seulement
une expérience et un divertissement. Du moins, pour la
première fois, ce n'est pas l'écriture qui est littéraire; la
Littérature est repoussée de la Forme : elle n'est plus
qu'une catégorie; c'est la Littérature qui est ironie, le
langage constituant ici l'expérience profonde. Ou plutôt,
la Littérature est ramenée ouvertement à une problématique
du langage; effectivement elle ne peut plus être que cela.

On voit se dessiner par là l'aire possible d'un nouvel
humanisme : à la suspicion générale qui atteint le langage
tout au long de la littérature moderne, se substituerait
une réconciliation du verbe de l'écrivain et du verbe des

hommes. C'est seulement alors, que l'écrivain pourrait se dire entièrement engagé, lorsque sa liberté poétique se placerait à l'intérieur d'une condition verbale dont les limites seraient celles de la société et non celles d'une convention ou d'un public : autrement l'engagement restera toujours nominal; il pourra assumer le salut d'une conscience, mais non fonder une action. C'est parce qu'il n'y a pas de pensée sans langage que la Forme est la première et la dernière instance de la responsabilité littéraire, et c'est parce que la société n'est pas réconciliée que le langage, nécessaire et nécessairement dirigé, institue pour l'écrivain une condition déchirée.

L'utopie du langage

La multiplication des écritures est un fait moderne qui oblige l'écrivain à un choix, fait de la forme une conduite et provoque une éthique de l'écriture. A toutes les dimensions qui dessinaient la création littéraire, s'ajoute désormais une nouvelle profondeur, la forme constituant à elle seule une sorte de mécanisme parasitaire de la fonction intellectuelle. L'écriture moderne est un véritable organisme indépendant qui croît autour de l'acte littéraire, le décore d'une valeur étrangère à son intention, l'engage continuellement dans un double mode d'existence, et superpose au contenu des mots, des signes opaques qui portent en eux une histoire, une compromission ou une rédemption secondes, de sorte qu'à la situation de la pensée, se mêle un destin supplémentaire, souvent divergent, toujours encombrant, de la forme.

Or cette fatalité du signe littéraire, qui fait qu'un écrivain ne peut tracer un mot sans prendre la pose particulière d'un langage démodé, anarchique ou imité, de toute manière conventionnel et inhumain, fonctionne précisément au moment où la Littérature, abolissant de plus en plus sa condition de mythe bourgeois, est requise, par les travaux ou les témoignages d'un humanisme qui a enfin intégré l'Histoire dans son image de l'homme. Aussi les anciennes catégories littéraires, vidées dans les meilleurs cas de leur contenu traditionnel, qui était l'expression d'une essence intemporelle de l'homme, ne tiennent plus finalement que par une forme spécifique, un ordre lexical ou syntaxique, un langage pour tout dire : c'est l'écriture qui absorbe désormais toute l'identité littéraire d'un ouvrage. Un roman de Sartre n'est roman que par fidélité à un certain ton récité, d'ailleurs intermittent, dont les normes ont été établies au cours de toute une géologie antérieure du roman; en fait, c'est l'écriture du récitatif, et non son contenu, qui fait réintégrer au roman sartrien la catégorie des Belles-Lettres. Bien plus, lorsque Sartre essaye de briser la durée romanesque, et dédouble son récit pour exprimer l'ubiquité du réel (dans *le Sursis*), c'est l'écriture narrée qui recompose au-dessus de la simultanéité des événements, un Temps unique et homogène, celui du Narrateur, dont la voix particulière, définie par des accidents bien reconnaissables, encombre le dévoilement de l'Histoire d'une unité parasite, et donne au roman l'ambiguïté d'un témoignage qui est peut-être faux.

On voit par là qu'un chef-d'œuvre moderne est impossible, l'écrivain étant placé par son écriture dans une contradiction sans issue : ou bien l'objet de l'ouvrage est naïvement accordé aux conventions de la forme, la littérature reste sourde à notre Histoire présente, et le mythe littéraire n'est pas dépassé; ou bien l'écrivain reconnaît la vaste fraîcheur du monde présent, mais pour en rendre compte, il ne dispose que d'une langue splendide et morte; devant sa page blanche, au moment de choisir les mots qui doivent franchement signaler sa place dans l'Histoire et témoigner qu'il en assume les données, il observe une disparité tragique entre ce qu'il fait et ce qu'il voit; sous ses yeux, le monde civil forme maintenant une véritable Nature, et cette Nature parle, elle élabore des langages vivants dont l'écrivain est exclu : au contraire, entre ses doigts, l'Histoire place un instrument décoratif et compromettant, une écriture qu'il a héritée d'une Histoire antérieure et différente, dont il n'est pas responsable, et qui est pourtant la seule dont il puisse user. Ainsi naît un tragique

de l'écriture, puisque l'écrivain conscient doit désormais
se débattre contre les signes ancestraux et tout-puissants
qui, du fond d'un passé étranger, lui imposent la Littérature
comme un rituel, et non comme une réconciliation.

Ainsi, sauf à renoncer à la Littérature, la solution de
cette problématique de l'écriture ne dépend pas des écrivains. Chaque écrivain qui naît ouvre en lui le procès
de la Littérature; mais s'il la condamne, il lui accorde
toujours un sursis que la Littérature emploie à le recon-
quérir; il a beau créer un langage libre, on le lui renvoie
fabriqué, car le luxe n'est jamais innocent : et c'est de
ce langage rassis et clos par l'immense poussée de tous
les hommes qui ne le parlent pas, qu'il lui faut continuer
d'user. Il y a donc une impasse de l'écriture, et c'est
l'impasse de la société même : les écrivains d'aujourd'hui
le sentent : pour eux, la recherche d'un non-style, ou d'un
style oral, d'un degré zéro ou d'un degré parlé de l'écriture,
c'est en somme l'anticipation d'un état absolument homogène de la société; la plupart comprennent qu'il ne peut
y avoir de langage universel en dehors d'une universalité
concrète, et non plus mystique ou nominale, du monde
civil.

Il y a donc dans toute écriture présente une double
postulation : il y a le mouvement d'une rupture et celui
d'un avènement, il y a le dessin même de toute situation
révolutionnaire, dont l'ambiguïté fondamentale est qu'il faut
bien que la Révolution puise dans ce qu'elle veut détruire
l'image même de ce qu'elle veut posséder. Comme l'art
moderne dans son entier, l'écriture littéraire porte à la
fois l'aliénation de l'Histoire et le rêve de l'Histoire : comme
Nécessité, elle atteste le déchirement des langages, inséparable du déchirement des classes : comme Liberté, elle est
la conscience de ce déchirement et l'effort même qui veut
le dépasser. Se sentant sans cesse coupable de sa propre
solitude, elle n'en est pas moins une imagination avide
d'un bonheur des mots, elle se hâte vers un langage rêvé
dont la fraîcheur, par une sorte d'anticipation idéale, figure-

rait la perfection d'un nouveau monde adamique où le langage ne serait plus aliéné. La multiplication des écritures institue une Littérature nouvelle dans la mesure où celle-ci n'invente son langage que pour être un projet : la Littérature devient l'Utopie du langage.

Nouveaux essais critiques

Certains des écrits littéraires de l'auteur ont déjà été réunis en volume (dans *Sur Racine* et dans les *Essais critiques*). On rassemble ici d'autres préfaces, d'autres textes, qui n'ont encore paru que dispersés dans des revues ou dans des livres classiques auxquels ils servaient d'introduction. Ces écrits sont donnés dans leur ordre d'écriture.

La Rochefoucauld :
« Réflexions ou Sentences
et Maximes »

On peut lire La Rochefoucauld de deux façons : par citations ou de suite. Dans le premier cas, j'ouvre de temps en temps le livre, j'y cueille une pensée, j'en savoure la convenance, je me l'approprie, je fais de cette forme anonyme la voix même de ma situation ou de mon humeur; dans le second cas, je lis les maximes pas à pas, comme un récit ou un essai; mais du coup, le livre me concerne à peine; les maximes de La Rochefoucauld disent à tel point les mêmes choses, que c'est leur auteur, ses obsessions, son temps, qu'elles nous livrent, non nous-mêmes. Voilà donc que le même ouvrage, lu de façons différentes, semble contenir deux projets opposés : ici un *pour-moi* (et quelle adresse! *cette* maxime traverse trois siècles pour venir *me* raconter), là, un *pour-soi*, celui de l'auteur, qui se dit, se répète, s'impose, comme enfermé dans un discours sans fin, sans ordre, à la façon d'un monologue obsédé.

Ces deux lectures ne sont pas contradictoires, parce que, dans le recueil de maximes, le discours cassé reste un discours enfermé; certes, matériellement, il faut choisir de lire les maximes par choix ou de suite, et l'effet en sera opposé, ici éclatant, là étouffant; mais le fruit même du discontinu et du désordre de l'œuvre, c'est que chaque maxime est, en quelque sorte, l'archétype de toutes les maximes; il y a une structure à la fois unique et variée; autrement dit, à une critique de développement, de la composition, de l'évolution, et je dirai presque du continu, il paraît juste de substituer ici une critique de l'unité sententielle,

de son dessin, bref de sa forme : c'est toujours à la maxime,
et non aux maximes qu'il faut revenir.

Mais d'abord, cette structure, y a-t-il des maximes qui
en soient dépourvues? Autrement dit, y a-t-il des maximes
formellement libres, comme on dit : *des vers libres*? Ces
maximes existent, et chez La Rochefoucauld même, mais
elles ne portent plus le nom de maximes : ce sont des
Réflexions. Les réflexions sont des fragments de discours,
des *textes* dépourvus de structure et de spectacle; à travers
elles, c'est de nouveau un langage fluide, continu, c'est-à-dire
tout le contraire de cet ordre verbal, fort archaïque, qui
règle le dessin de la maxime. En principe, La Rochefoucauld
n'a pas inclus ses *Réflexions* dans le corps de ses maximes
(quoiqu'elles portent sur les mêmes sujets), car il s'agit
ici d'une tout autre littérature; on trouvera cependant
quelques maximes exemptes de toute structure; c'est que
précisément sans encore couvrir beaucoup d'espace, elles
ont déjà quitté l'ordre sentenciel, elles sont en route vers
la Réflexion, c'est-à-dire vers le discours. Lorsque nous
lisons : « *Nous ne pouvons rien aimer que par rapport
à nous, et nous ne faisons que suivre notre goût et notre
plaisir quand nous préférons nos amis à nous-mêmes; c'est
néanmoins par cette préférence seule que l'amitié peut
être vraie et parfaite* », nous sentons bien que nous sommes
ici dans un ordre du langage qui n'est plus celui de
la maxime; quelque chose manque, qui est la frappe, le
spectacle même de la parole, bref la citation; mais aussi
quelque chose est là, de nouveau, à quoi la maxime ne
nous a pas habitués : une certaine fragilité, une certaine
précaution du discours, un langage plus délicat, plus ouvert
à la bonté, comme si, à l'inverse, la maxime ne pouvait
être que méchante – comme si la fermeture de la maxime
était aussi une fermeture du cœur. Il y a ainsi dans
l'œuvre de La Rochefoucauld quelques maximes ouvertes,
quelques maximes-discours (même si elles sont peu éten-
dues); ce ne sont pas, en général, celles que l'on cueillera,
car en elles aucune pointe n'accroche; elles ne sont que

les bonnes ménagères du discours; les autres y règnent comme des déesses.

Pour ces autres, en effet, la structure est là, qui retient la sensibilité, l'épanchement, le scrupule, l'hésitation, le regret, la persuasion aussi, sous un appareil castrateur. La maxime est un objet dur, luisant – et fragile – comme le corselet d'un insecte; comme l'insecte aussi, elle possède la pointe, ce crochet de mots aigus qui la terminent, la couronnent – la ferment, tout en l'armant (elle est armée parce qu'elle est fermée). De quoi est-elle faite, cette structure? De quelques éléments stables, parfaitement indépendants de la grammaire, unis par une relation fixe, qui, elle non plus, ne doit rien à la syntaxe.

Non seulement la maxime est une proposition coupée du discours, mais à l'intérieur de cette proposition même, règne encore un discontinu plus subtil; une phrase normale, une phrase *parlée* tend toujours à fondre ses parties les unes dans les autres, à égaliser le flux de la pensée; elle progresse somme toute selon un devenir en apparence inorganisé; dans la maxime, c'est tout le contraire; la maxime est un bloc général composé de blocs particuliers; l'ossature – et les os sont des choses dures – est plus qu'apparente : spectaculaire. Toute la structure de la maxime est visible, dans la mesure même où elle est erratique. Quels sont ces blocs internes qui supportent l'architecture de la maxime? Ce ne sont pas les parties d'ordinaire les plus vivantes de la phrase, les relations, mais bien au contraire les parties immobiles, solitaires, sortes d'essences le plus souvent substantives, mais parfois aussi adjectives ou verbales, dont chacune renvoie à un sens plein, éternel, autarcique pourrait-on dire : *amour, passion, orgueil, blesser, tromper, délicat, impatient,* voilà les sens fermés sur lesquels s'édifie la maxime. Ce qui définit ces essences formelles, c'est sans doute, finalement, qu'elles sont les *termes* (les *relata*) d'une relation (de comparaison ou d'antithèse); mais cette relation a beaucoup moins d'apparence que ses composants; dans la maxime, l'intellect

perçoit d'abord des substances pleines, non le flux progressif
de la pensée. Si je lis : « *Tout le monde se plaint de
sa mémoire, et personne de son jugement* », mon esprit
est frappé par la plénitude de ces termes solitaires : *mémoire, jugement, se plaindre*; et comme, malgré tout, ces mots-
vedettes s'enlèvent sur un certain fond plus modeste, j'ai
le sentiment (d'ailleurs profondément esthétique) d'avoir
affaire à une véritable économie *métrique* de la pensée,
distribuée dans l'espace fixe et fini qui lui est imparti
(la longueur d'une maxime) en temps forts (les substances,
les essences) et en temps faibles (mots-outils, mots relation-
nels); on reconnaîtra aisément dans cette économie un
substitut des langages versifiés : il y a, on le sait, une
affinité particulière entre le vers et la maxime, la communication aphoristique et la communication divinatoire.

Et de même que le vers est essentiellement un langage
mesuré, de même les temps forts d'une maxime sont
prisonniers d'un nombre : on a des maximes à deux, trois,
quatre, cinq ou sept temps, selon le nombre des accents
sémantiques. Si je lis : « *l'amour-propre est le plus grand
de tous les flatteurs* », la relation d'identité me désigne
seulement deux termes forts *(amour-propre* et *flatteur)*; mais
si je lis : « *le bonheur et le malheur des hommes ne dépen-
dent pas moins de leur humeur que de la fortune* », je vois
bien que j'ai affaire ici à une maxime à quatre temps.
Ces nombres ne sont pas d'importance égale; toute maxime
tend évidemment, selon le canon de l'art classique, à l'antithèse, c'est-à-dire à la symétrie; ce sont donc les mètres pairs
(il s'agit toujours de mètres « sémantiques ») qui saturent le
plus naturellement la maxime. Le mètre quaternaire est sans
doute le plus accompli, car il permet de développer une proportion, c'est-à-dire à la fois une harmonie et une complexité;
les exemples en sont nombreux chez La Rochefoucauld,
fondés rhétoriquement sur la métaphore; ce sont des maximes comme : «*L'élévation est au mérite ce que la parure
est aux belles personnes* », où les quatre termes forts sont
liés entre eux par un rapport de compensation. C'est là

un exemple privilégié d'économie binaire; mais les autres types de maximes, malgré les apparences, rejoignent toujours, en fait, une organisation à deux termes; c'est le cas de toutes les maximes à nombre impair de temps forts; car dans ces maximes, le terme impair a toujours une fonction excentrique; il reste extérieur à la structure paire et ne fait que la coiffer; si je lis : « *Il faut de plus grandes vertus pour soutenir la bonne fortune que la mauvaise* », je vois bien qu'il y a trois temps forts *(vertus, bonne fortune, mauvaise fortune)*: mais ces trois termes ne reçoivent pas le même accent : les deux derniers *(bonne* et *mauvaise fortune)* forment les piliers véritables de la relation (ils servent à construire une antithèse), tandis que le premier terme *(les vertus)* n'est en somme que la référence générale par rapport à laquelle la relation devient significative. Ce terme impair (c'est le même dans les maximes à cinq ou à sept temps) a donc une fonction singulière, à la fois générale, distante et pourtant fondamentale; en logique ancienne, on dirait que c'est le *sujet* de la maxime (ce dont elle parle), alors que les termes pairs en sont le *prédicat* (ce qu'on dit du sujet); en logique moderne, c'est un peu ce qu'on appelle un *parcours de signification*, c'est-à-dire la classe référentielle d'objets à l'intérieur de laquelle la confrontation de certains caractères n'est pas absurde : car selon la vérité momentanée de la maxime, l'opposition de la bonne et de la mauvaise fortune n'est en quelque sorte valide qu'au regard des vertus. Ainsi le terme impair occupe une place suffisamment excentrique pour que la structure de la maxime soit en définitive toujours paire – c'est-à-dire binaire, puisque étant pairs, les termes de la relation peuvent toujours être distribués en deux groupes opposés.

Ce caractère obstinément duel de la structure est important, car il commande la relation qui unit ses termes; cette relation est tributaire de la force, de la rareté et de la parité des temps qu'elle enchaine. Lorsqu'un langage – et c'est le cas de la maxime – propose quelques termes

de sens fort, essentiel, il est fatal que la relation s'absorbe
en eux : plus les substantifs sont forts, plus la relation
tend à l'immobilité. C'est qu'en effet, si l'on vous présente
deux objets forts (j'entends des objets psychologiques), par
exemple *la sincérité* et *la dissimulation*, le rapport qui
s'instaure spontanément entre eux tend toujours à être
un rapport immobile de manifestation, c'est-à-dire d'équivalence : la sincérité équivaut (ou n'équivaut pas) à la dissimulation : la force même des termes, leur solitude, leur éclat
ne permettent guère d'autre mise en rapport, quelles qu'en
soient les variations terminologiques. Il s'agit en somme,
par l'état même de la structure, d'une relation d'essence,
non de faire, d'identité, non de transformation; effectivement
dans la maxime, le langage a toujours une activité défini-
tionnelle et non une activité transitive; un recueil de maximes est toujours plus ou moins (et cela est flagrant pour
La Rochefoucauld) un dictionnaire, non un livre de recet-
tes : il éclaire l'être de certaines conduites, non leurs modes
ou leurs techniques. Cette relation d'équivalence est d'un
type assez archaïque : définir les choses (à l'aide d'une
relation immobile), c'est toujours plus ou moins les sacraliser, et la maxime n'y manque pas, en dépit de son projet
rationaliste.

   La maxime est donc fort généralement soumise à une
relation d'équivalence : un terme *vaut* (ou ne vaut pas)
l'autre. L'état le plus élémentaire de cette relation est purement comparatif : la maxime confronte deux objets, par
exemple *la force* et *la volonté*, et se contente de poser
leur rapport quantitatif : « *Nous avons plus de force que
de volonté* »; ce mouvement est l'origine d'un nombre
important de maximes. On trouve ici les trois degrés de
la comparaison : *plus, autant, moins*; mais comme la
maxime sert surtout un projet de dénonciation, ce sont
évidemment les comparatifs critiques qui l'emportent : la
maxime nous dit qu'il y a dans telle vertu *plus de*
passion que nous ne croyons : c'est là son propos habituel.
On le voit, ce propos, si l'on accepte un instant d'en

psychanalyser la structure, se fonde tout entier sur une imagination de la pesée; comme un dieu, l'auteur des maximes soupèse des objets et il nous dit la vérité des tares; peser est en effet une activité divine, toute une iconographie – et fort ancienne – en témoigne. Mais La Rochefoucauld n'est pas un dieu; sa pensée, issue d'un mouvement rationaliste, reste profane : il ne pèse jamais une Faute singulière et métaphysique, mais seulement des fautes, plurielles et temporelles : c'est un chimiste, non un prêtre (mais on sait aussi que dans notre imagination collective le thème divin et le thème savant restent très proches).

Au-dessus de l'état comparatif, voici le second état de la relation d'équivalence : l'identité; c'est sans doute un état mieux fermé, plus mûr, pourrait-on dire, puisqu'ici on ne se contente pas de présenter et de confronter deux objets pour en inférer un rapport grossièrement quantitatif; on définit ce rapport en essence, non plus en quantité; on pose que *ceci* est *cela*, par substance et pour l'éternité, que *« la modération est une crainte »*, que *«l'amour-propre est un flatteur »*, que *« l'envie est une fureur »*, etc. Ce sont là des exemples d'identités simples, tout unies, disposées comme un cheminement régulier d'essences dans le monde de la vérité immobile. Mais parfois aussi l'équivalence est plus emphatique : *« Nous ne nous donnons pas (aux gens plus puissants que nous) pour le bien que nous leur voulons faire*, dit La Rochefoucauld, *mais pour le bien que nous voulons recevoir »*; on renforce ainsi la proposition positive *(le bien que nous voulons recevoir)* par la représentation même de son contraire *(le bien que nous voulons faire)*; c'est ce mouvement à la fois opposé et convergent que l'on retrouve dans des maximes d'apparence pourtant peu égalitaire : *« Les hommes ne vivraient pas longtemps en société, s'ils n'étaient les dupes les uns des autres »*; ce qui veut proprement dire : les hommes sont dupes les uns des autres, sans quoi ils ne vivraient pas en société.

Mais la relation la plus significative, au point qu'elle pourrait passer pour le modèle même de la maxime selon La Rochefoucauld, c'est la relation d'identité déceptive, dont l'expression courante est la copule restrictive : *n'est que*. « *La clémence des princes n'est souvent qu'une politique pour gagner l'affection des peuples* », ou « *la constance des sages n'est que l'art de renfermer leur agitation dans le cœur* »; les exemples sont ici abondants et clairs; on y reconnaît facilement ce qu'on appellerait aujourd'hui une relation démystifiante, puisque l'auteur, d'un mot, réduit l'apparence *(la clémence, la constance)* à sa réalité *(une politique, un art)*. *N'est que* est en somme le mot clef de la maxime car il ne s'agit pas ici d'un simple dévoilement (ce qu'indique parfois l'expression *en effet*, au sens de : *en réalité*); ce dévoilement est presque toujours réducteur; il n'explique pas, il définit le plus (l'apparence) par le moins (le réel)[1]. On serait tenté de faire de cette relation déceptive (puisqu'elle *déçoit* l'apparence au profit d'une réalité toujours moins glorieuse), l'expression logique de ce qu'on a appelé le pessimisme de La Rochefoucauld; sans doute la restriction, surtout si elle part des vertus pour aboutir aux hasards et aux passions, n'est pas euphorique : c'est en apparence un mouvement avaricieux, contraint, il rogne sur la générosité du monde, sa diversité aussi; mais ce pessimisme est ambigu; il est aussi le fruit d'une avidité, sinon d'explication, du moins d'explicitation; il participe d'une certaine désillusion sans doute, conforme à la situation aristocratique de l'homme des maximes; mais aussi, sûrement, d'un mouvement positif de rationalisation, d'intégration d'éléments disparates : la vision de La Rochefoucauld n'est pas dialectique, et c'est en cela qu'elle est désespérée; mais elle est ration-

---

1. On notera curieusement que si le *n'est que* est bien démystifiant dans l'ordre des essences, il devient mystifiant dans l'ordre du faire. *Il n'y a qu'à*... est le mot plein d'assurance, d'illusion et de ridicule de tous les généraux en chambre.

nelle, et c'est en cela, comme toute philosophie de la clarté, qu'elle est progressive; copiant La Rochefoucauld lui-même, on pourrait dire sous la forme restrictive qui lui était chère : la pessimisme de La Rochefoucauld n'est qu'un rationalisme incomplet.

Les termes et la relation de la maxime une fois décrits, a-t-on épuisé sa forme? Nullement. C'est, je crois, une erreur que de supposer à une œuvre deux seuls paliers : celui de la forme et celui du contenu; la forme elle-même peut comporter plusieurs niveaux : la structure, on l'a vu, en est un; mais on a vu aussi que pour atteindre cette structure, il fallait en quelque sorte dégager la maxime de sa lettre, forcer sa terminologie, le donné immédiat de la phrase, accepter certaines substitutions, certaines sim-plifications; c'est maintenant au niveau le plus superficiel qu'il faut revenir; car la structure de la maxime, pour formelle qu'elle soit, est elle-même habillée d'une forme subtile et étincelante, qui en fait l'éclat et le plaisir (il y a un plaisir de la maxime); ce vêtement brillant et dur, c'est *la pointe*. Si je lis : « *C'est une espèce de coquette-rie de faire remarquer qu'on n'en fait jamais* », je sens ici une intention esthétique à même la phrase; je vois qu'elle consiste à faire servir le mot de *coquetterie* à deux projets différents, en décrochant pour ainsi dire l'un de l'autre, en sorte que ne pas faire de coquetterie devienne à son tour une coquetterie; bref, j'ai affaire à une véritable construction verbale : c'est la pointe (que l'on retrouve aussi dans les vers). Qu'est-ce qu'une pointe? C'est, si l'on veut, la maxime constituée en spectacle; comme tout spectacle, celui-ci vise à un plaisir (hérité de toute une tradition précieuse, dont l'histoire n'est plus à faire); mais le plus intéressant, c'est que comme tout spectacle aussi, mais avec infiniment plus d'ingéniosité puisqu'il s'agit de langage et non d'espace, la pointe est une forme de rupture : elle tend toujours à *fermer* la pensée sur un panache,

sur ce moment fragile où le verbe se tait, touche à la
fois au silence et à l'applaudissement.

La pointe est, en effet, presque toujours à la fin de
la maxime. Souvent même, comme tout bon artiste, La
Rochefoucauld la prépare – sans qu'on s'en doute; la
maxime commence en discours ordinaire (ce n'est pas
encore une maxime); puis la pointe se ramasse, éclate
et ferme la vérité. Ce passage du discours à la pointe
est d'ordinaire signalé par une humble conjonction : *et*;
ce *et* n'ajoute rien, contrairement à sa fonction habituelle;
il *ouvre*, il est le rideau qui se retire et découvre la
scène des mots : « *La félicité est dans le goût, et non
pas dans les choses; et c'est par avoir ce qu'on aime
qu'on aime et non par avoir ce que les autres trouvent
aimable* » : toute la fin, avec son antithèse et son identité
inversée, est comme un spectacle brusquement découvert.
Car c'est évidemment l'antithèse qui est la figure préférée
de la pointe; elle saisit toutes les catégories grammaticales,
les substantifs (par exemple *ruine/établissement, raison/na-
ture, humeur/esprit*, etc.), les adjectifs (*grand/petit*)
et les pronoms d'apparence la plus humble (*l'un/l'autre*),
pourvu qu'ils soient mis en opposition significative; et
au-delà de la grammaire, elle peut saisir, bien entendu,
des mouvements, des thèmes, opposer par exemple, toutes
les expressions du *au-dessus* (s'élever) à toutes celles du
au dessous (abaisser). Dans le monde de la maxime, l'antithèse est une force universelle de signification, au point
qu'elle peut rendre spectaculaire (pertinent, diraient les linguistes) un simple contraste de nombres; celui-ci par exemple : « *Il n'y a que d'une sorte d'amour, mais il y en
a mille différentes copies* », où c'est l'opposition *un/mille*
qui constitue la pointe. On voit par là que l'antithèse
n'est pas seulement une figure emphatique, c'est-à-dire en
somme un simple décor de la pensée; c'est probablement
autre chose et plus; une façon de faire surgir le sens
d'une opposition de termes; et comme nous savons par
les explorations récentes de la linguistique que c'est là

le procédé fondamental de la signification (et certains phy-
siologistes disent même de la perception), nous comprenons
mieux que l'antithèse s'accorde si bien à ces langages
archaïques que sont probablement le vers et l'aphorisme;
elle n'est au fond que le mécanisme tout nu du sens,
et comme, dans toute société évoluée, le retour aux sources
fonctionne finalement comme un spectacle surprenant, ainsi
l'antithèse est devenue une *pointe*, c'est-à-dire le spectacle
même du sens.

Alterner, c'est donc là l'un des deux procédés de la
pointe. L'autre, qui lui est souvent complémentaire, quoique
opposé, c'est de *répéter*. La rhétorique conventionnelle pros-
crivait (et proscrit encore) les répétitions trop rapprochées
du même mot; Pascal s'était moqué de cette loi toute
formelle en demandant qu'on n'oublie pas le sens sous
prétexte de faire harmonieux : il y a des cas où il faut
appeler Paris, Paris, et d'autres capitale de la France :
c'est le sens qui règle la répétition. La maxime, elle, va
plus loin : elle aime à reprendre un terme, surtout si
cette répétition peut marquer une antithèse : « *On pleure
pour éviter la honte de ne pleurer pas* »; cette répétition
peut être fragmentaire, ce qui permet de répéter une partie
du mot sans répéter le mot lui-même : «*L'intérêt parle
toutes sortes de langues, et joue toutes sortes de personnages, même celui du désintéressé* »; reprenant encore ici
l'explication des linguistes, on dira que l'opposition du
sens est d'autant plus flagrante qu'elle est soutenue par
un accident verbal parfaitement limité : c'est seulement
le préfixe qui oppose *intérêt* à *désintéressé*. La pointe
est un jeu, sans doute; mais ce jeu est au service d'une
très ancienne technique, celle du sens; en sorte que bien
écrire, c'est jouer avec les mots parce que jouer avec
les mots, c'est fatalement se rapprocher de ce dessin d'opposition qui règle fondamentalement la naissance d'une signification. On le voit bien par certaines constructions
complexes, où les répétitions s'étendent et s'enchevêtrent
si obstinément que ce que l'on pourrait appeler la faille

oppositionnelle s'y voit spectaculairement : le sens éclate
au milieu d'une nappe d'insignifiances; ainsi de cette maxime : « *La philosophie triomphe aisément des maux passés
et des maux à venir, mais les maux présents triomphent
d'elle* » : une brusque dissymétrie vient ici déranger et par
conséquent faire signifier tout le train des symétries environ-
nantes[1].

Les formes posées, il est peut-être possible maintenant d'approcher les contenus. C'est à la relation d'identité
restrictive (... *n'est que...*), dont on a indiqué l'effet déceptif,
démystifiant, qu'il faut essentiellement revenir, car quelles
qu'en soient les variations syntaxiques, c'est en elle que
la structure verbale de la maxime et la structure mentale
de son auteur se rejoignent. Elle unit des termes forts.
Mais du point de vue du sens, quels sont ces termes
forts? Le premier terme, celui qui vient en tête de la
maxime, celui précisément qu'il s'agit de *décevoir*, de dé-
gonfler, est occupé par ce que l'on pourrait appeler la
classe des *vertus* (*la clémence, la vaillance, la force d'âme,
la sincérité, le mépris de la mort*); ces vertus, ce sont
donc, si l'on veut, des *irrealia*, des objets vains, des apparences dont il faut retrouver la réalité; et cette réalité,
c'est évidemment le second terme qui la donne, lui qui
a la charge de révéler l'identité véritable des vertus; ce
second terme est donc occupé par ce que l'on pourrait
appeler la classe des *realia*, des objets réels, qui composent
le monde dont les vertus ne sont que les songes. Quels
sont ces *realia* qui composent l'homme? Ils peuvent être
de trois sortes : il y a d'abord et surtout les *passions*

1. C'est ce dont rendra compte une simple mise en équation de
la maxime. Soit a : *la philosophie*, b : *triompher de*, c : *les maux*
(1. 2. 3 : passés, présents et à venir). On obtient la fausse symétrie
suivante :

$$a\,b\,c^{1,3} / c^2\,b\,a.$$

(la vanité, la fureur, la paresse, l'ambition, soumises à
la plus grande de toutes, *l'amour-propre)*; il y a ensuite
les *contingences* : c'est tout ce qui dépend du hasard (et
pour La Rochefoucauld, c'est l'un des plus grands maîtres
du monde) : hasard des événements, que la langue classique
appelle *la fortune*, hasard du corps, de la subjectivité
physique, que cette même langue appelle *l'humeur*; il y
a enfin une dernière classe de réalités définies par leur
caractère interchangeable; elles remplacent occasionnelle-
ment les passions ou les contingences, d'une façon plus
indéfinie; ce sont des réalités atténuées, expression d'une
certaine insignifiance du monde; ce sont *les actions, les
défauts, les effets*, mots généraux, peu marqués, suivis
d'ordinaire d'une relative qui en monnaye le sens mais
aussi le banalise (« ... *un assemblage d'actions et d'intérêts
que la fortune ou notre industrie savent arranger* »); et
comme ces mots tiennent la place d'un terme sans cependant
le remplir d'un sens véritable, on pourrait reconnaître en
eux des *mots mana*, forts par la place qu'ils occupent
dans la structure de la maxime mais vides – ou presque
– de sens[1].

Entre les *irrealia* (vertus) et les *realia* (passions,
contingences, actions), il y a un rapport de masque;
les unes déguisent les autres; on sait que le masque est
un grand thème classique (la langue ne parlait pas alors
de *masque* mais de *voile* ou de *fard*); toute la seconde
moitié du XVIIe siècle a été travaillée par l'ambiguïté
des signes. Comment lire l'homme? La tragédie racinienne
est pleine de cette incertitude : les visages et les conduites
sont des signaux équivoques, et cette duplicité rend le
monde *(le mondain)* accablant, au point que renoncer au
monde, c'est se soustraire à l'intolérable inexactitude du
code humain. Cette ambiguïté des signes, La Rochefoucauld la fait cesser en démasquant les vertus; sans doute,

---

1. Sur la définition du *mana*, à laquelle je fais allusion ici, je renvoie
à Cl. Lévi-Strauss, *Introduction à l'œuvre de Mauss.*

d'abord et le plus souvent, les vertus dites païennes (par exemple le mépris de la mort), ramenées impitoyablement à l'amour-propre ou à l'inconscience (cette réduction était un thème augustinien, janséniste); mais en somme *toutes* les vertus; car ce qui importe, c'est d'apaiser, fût-ce au prix d'une vision pessimiste, l'insupportable duplicité de *ce qui se voit*; or laisser une apparence sans explication réductrice, c'est laisser vivre un doute; pour La Rochefoucauld, la définition, si noire soit-elle, a certainement une fonction rassérénante; montrer que l'ordre moral n'est que le masque d'un désordre contingent est en définitive plus rassurant que d'en rester à un ordre apparent mais singulier; pessimiste dans son résultat, la démarche de La Rochefoucauld est bénéfique dans son procédé : elle fait cesser, à chaque maxime, l'angoisse d'un signe douteux.

Voilà donc un univers qui ne peut s'ordonner que dans sa verticalité. Au seul niveau des vertus, c'est-à-dire des apparences, aucune structure n'est possible, puisque la structure provient précisément d'un rapport de vérité entre le manifeste et le caché. Il s'ensuit que les vertus, prises séparément, ne peuvent faire l'objet d'aucune description; on ne peut coordonner l'héroïsme, la bonté, l'honnêteté et la reconnaissance, par exemple, pour en faire une gerbe de mérites, même si l'on se proposait de démystifier ensuite le bien en général; chaque vertu n'existe qu'à partir du moment où l'on atteint ce qu'elle cache; l'homme de La Rochefoucauld ne peut donc se décrire qu'en zigzags, selon une sinusoïde qui va sans cesse du bien apparent à la réalité cachée. Sans doute y a-t-il des vertus plus importantes, c'est-à-dire pour La Rochefoucauld plus obsédantes : mais ce sont celles précisément où l'illusion, qui n'est que la distance de la surface au fond, est la plus grande : la reconnaissance par exemple, où l'on pourrait presque voir une obsession névrotique de la pensée janséniste, sans cesse accablée par l'intimidation de la fidélité (on le voit bien chez Racine où la fidélité amoureuse est toujours une valeur funèbre), et d'une manière plus générale toutes les attitudes de bonne conscience, généralisées sous le nom de *mérite* : proposition déjà toute moderne, le mérite n'est en somme pour La Rochefoucauld que de la mauvaise foi.

Ainsi nul système possible des vertus, si l'on ne descend aux réalités dont elles ne sont que le retournement. Le résultat paradoxal de cette dialectique, le voici : c'est finalement le désordre réel de l'homme (désordre des passions, des événements, des humeurs), qui donne à cet homme son unité. On ne peut fixer une structure des vertus, car ce ne sont que des valeurs parasites; mais on peut bien plus facilement assigner un ordre au désordre des *realia*. Quel ordre? non pas celui d'une organisation, mais celui d'une force, ou mieux encore d'une *énergie*. La passion et la fortune sont des principes actifs, le désordre *fait* le monde : le désordre des contingences crée, vaille que vaille, la seule vie qui nous soit impartie. Devant les passions et les hasards, La Rochefoucauld montre de l'éloquence, il en parle presque comme de personnes; ces forces s'organisent en hiérarchie; les commandant toutes, l'amour-propre. Cet amour-propre a à peu près les propriétés d'une substance chimique – on pourrait presque dire magique – puisque cette substance est à la fois vitale et unitaire; elle peut être infinitésimale (ce qu'indiquent les adjectifs *subtil, fin, caché, délicat*), sans perdre de sa force, bien au contraire; elle est partout, au fond des vertus, bien entendu, mais aussi au fond des autres passions, comme la jalousie ou l'ambition, qui n'en sont que des variétés : elle transmute tout, les vertus en passions, mais aussi parfois, tant son pouvoir est illimité, les passions en vertus, l'égoïsme par exemple en bonté; c'est un Protée; comme puissance de désordre, la passion (ou l'amour-propre, c'est la même chose) est un dieu actif, tourmenteur; par son action incessante, à la fois multiforme et monotone, il met dans le monde une obsession, un chant de basse dont la profusion des conduites diverses n'est que le contrepoint : le désordre répété est en somme un ordre, le seul

qui nous soit concédé. Or, à force de constituer la passion
en principe actif, La Rochefoucauld ne pouvait qu'apporter
une attention aiguë, subtile, inquiète, étonnée aussi, aux
inerties de l'homme, à ces sortes de passions atones, qui
sont comme le négatif ou mieux encore *le scandale* de
la passion : *la faiblesse* et *la paresse*; il y a quelques
maximes pénétrantes sur ce sujet; comment l'homme peut-il
être à la fois inactif et passionné? La Rochefoucauld
a eu l'intuition de cette dialectique qui fait de la négativité
une force: il a compris qu'il y avait dans l'homme une
résistance à la passion, mais que cette résistance n'était
pas une vertu, un effort volontaire du bien, qu'elle était
au contraire une seconde passion, plus rusée que la première; c'est pourquoi il la considère avec un pessimisme absolu;
les passions actives sont finalement plus estimables, parce
qu'elles ont une forme; la paresse (ou la faiblesse) est
plus ennemie de la vertu que le vice, elle alimente l'hypocri-
sie, joue à la frontière des vertus, elle prend par exemple
le masque de la douceur; elle est le seul défaut dont
l'homme ne puisse se corriger. Sa tare fondamentale, c'est
précisément, par son atonie, d'empêcher la dialectique même
du bien et du mal : par exemple, on ne peut être bon
sans une certaine méchanceté; mais lorsque l'homme se
laisse saisir par la paresse de la méchanceté, c'est la
bonté même qui lui est inéluctablement dérobée.

On le voit, il y a dans cet édifice *profond* un vertige
du néant; descendant de palier en palier, de l'héroïsme
à l'ambition, de l'ambition à la jalousie, on n'atteint jamais
le fond de l'homme, on ne peut jamais en donner une
définition dernière, qui soit irréductible; quand l'ultime passion a été désignée, cette passion elle-même s'évanouit,
elle peut n'être que paresse, inertie, néant; la maxime
est une voie infinie de déception; l'homme n'est plus qu'un
squelette de passions, et ce squelette lui-même n'est peut-être
que le fantasme d'un rien : *l'homme n'est pas sûr*. Ce
vertige de l'irréel est peut-être la rançon de toutes les
entreprises de démystification, en sorte qu'à la plus grande

lucidité correspond souvent la plus grande irréalité. Débar-
rassant l'homme de ses masques, comment, où s'arrêter?
La voie est d'autant mieux fermée pour La Rochefoucauld
que la philosophie de son temps ne lui fournissait qu'un
monde composé d'essences; la seule relation que l'on pouvait raisonnablement supposer à ces essences était une
relation d'identité, c'est-à-dire une relation immobile, fermée
aux idées dialectiques de retour, de circularité, de devenir
ou de transitivité; ce n'est pas que La Rochefoucauld
n'ait eu une certaine imagination de ce qu'on appelait
alors la *contrariété*; sur ce point, certaines de ses maximes
sont étrangement modernes; admis la séparation des
essences morales ou passionnelles, il a bien vu qu'elles
pouvaient nouer certains échanges, que le mal pouvait
sortir du bien, qu'un excès pouvait changer la qualité
d'une chose; l'objet même de son « pessimisme », c'est
en définitive, au bout de la maxime, hors d'elle, le monde,
les conduites que l'on peut ou ne peut pas y tenir, bref
l'ordre du *faire*, comme nous dirions aujourd'hui; ce pressen-
timent d'une transformation des essences fatales par la
praxis humaine, on le voit bien dans la distinction fréquente
que La Rochefoucauld établit entre la substance d'un acte
(*aimer, louer*) et son mode d'accomplissement : « *On croit
quelquefois haïr la flatterie, mais on ne hait que la manière
de flatter* »; ou encore : « *L'amour, tout agréable qu'il est,
plaît encore plus par les manières dont il se montre que
par lui-même.* » Mais au moment même où La Rochefoucauld semble affirmer le monde en récupérant à sa façon
la dialectique, un projet manifestement moral intervient,
qui immobilise la description vivante sous la définition
terroriste, le constat sous les ambiguïtés d'une loi, qui
est donnée à la fois comme morale et physique. Or, cette
impuissance à arrêter à un certain moment la déception
du monde, elle est tout entière dans la forme même des
Maximes, dans cette relation d'identité restrictive, à laquelle
il faut donc une fois de plus revenir. Car si les vertus
occupent le premier terme de la relation et les passions,

contingences et actions le second terme, et si le second
terme est déceptif par rapport au premier, cela veut dire
que l'apparence (ou le masque) constitue le sujet du discours
et que la réalité n'en est que le prédicat; autrement dit,
le monde entier est vu, *centré*, dirait-on en termes de
photographie, sous les espèces du paraître, dont l'être n'est
plus qu'un attribut; certes la démarche de La Rochefoucauld
semble à première vue objective puisqu'elle veut retrouver
l'être sous l'apparence, le réel des passions sous l'alibi
des grands sentiments; mais ce qui est projet authentique
de vérité reste pour ainsi dire immobilisé, *enchanté* dans
la forme de la maxime : La Rochefoucauld a beau dénoncer
les grandes entités de la vie morale comme de purs songes,
il n'en constitue pas moins ces songes en *sujets* du discours,
dont finalement toute *l'explication* conséquente reste prison-
nière : les vertus sont des songes, mais des songes pétrifiés :
ces masques occupent toute la scène; on s'épuise à les
percer sans cependant jamais les quitter tout à fait : les
Maximes sont à la longue comme un cauchemar de vérité.

La démystification infinie que les *Maximes* mettent en
scène ne pouvait laisser à l'écart (à l'abri) le faiseur de
maximes lui-même : il y a des maximes sur les maximes;
celle-ci, par exemple : « *On a autant de sujets de se plaindre
de ceux qui nous apprennent à nous connaître nous-mêmes,
qu'en eut le fou d'Athènes de se plaindre du médecin
qui l'avait guéri de l'opinion d'être riche.* » La Rochefoucauld
aborde ici, de biais et par une référence d'époque aux
moralistes de l'Antiquité, le statut même du démystificateur
au sein du groupe que tout à la fois il exprime et
il attaque. L'auteur des maximes n'est pas un écrivain;
il dit la vérité (du moins il en a le projet déclaré), c'est
là sa fonction : il préfigure donc plutôt celui que nous
appelons l'intellectuel. Or, l'intellectuel est tout entier défini
par un statut contradictoire; nul doute qu'il ne soit délégué

par son groupe (ici la société mondaine) à une tâche précise, mais cette tâche est contestatrice; en d'autres termes, la société charge un homme, un rhéteur, de se retourner contre elle et de la contester. Tel est le lien ambigu qui semble unir La Rochefoucauld à sa caste; la maxime est directement issue des Salons, mille témoignages historiques le disent; et pourtant la maxime ne cesse de contester la mondanité; tout se passe comme si la société mondaine s'octroyait à travers La Rochefoucauld le spectacle de sa propre contestation; sans doute cette contestation n'est-elle pas véritablement dangereuse, puisqu'elle n'est pas politique, mais seulement psychologique, autorisée d'ailleurs par le climat chrétien; comment cette aristocratie désabusée aurait-elle pu se retourner contre son activité même, puisque cette activité n'était pas de travail mais d'oisiveté? La contestation de La Rochefoucauld, à la fois âpre et inadéquate, définit assez bien les limites qu'une caste doit donner à sa propre interrogation si elle la veut à la fois purifiante et sans danger : les limites mêmes de ce qu'on appellera trois siècles durant la *psychologie*.

En somme le groupe demande à l'intellectuel de puiser en lui-même les raisons – contradictoires – de le contester et de le représenter, et c'est peut-être cette tension, plus vive ici qu'ailleurs, qui donne aux *Maximes* de La Rochefoucauld un caractère déroutant, du moins si nous les jugeons de notre point de vue moderne; l'ouvrage, dans son discontinu, passe sans cesse de la plus grande originalité à la plus grande banalité; ici des maximes dont l'intelligence, la modernité même, étonne et exalte; là des truismes plats (ce qui ne veut pas dire qu'ils soient justes), il est vrai d'autant plus neutres que toute une littérature les a depuis banalisés jusqu'à l'écœurement; la maxime est un être *bifrons*, ici tragique, là bourgeois; en dépit de sa frappe austère, de son écriture cinglante et pure, elle est essentiellement un discours ambigu, situé à la frontière de deux mondes. Quels mondes? On peut dire : celui de la mort et celui du jeu. Du côté de la mort,

il y a la question tragique par excellence, adressée par
l'homme au dieu muet : *qui suis-je?* C'est la question sans
cesse formulée par le héros racinien, Eriphyle par exemple, qui ne cesse de vouloir se connaître et qui en meurt;
c'est aussi la question des *Maximes* : il y est répondu par le
terrible, par le funèbre *n'est que* de l'identité restrictive, et
encore, on l'a vu, cette réponse est-elle peu sûre, puisque
l'homme ne quitte jamais franchement le songe de la
vertu. Mais cette question mortelle, c'est aussi, par excellence, la question de tous les jeux. En interrogeant Œdipe
sur l'être de l'homme, le Sphynx a fondé à la fois le
discours tragique et le discours ludique, le jeu de la mort
(puisque pour Œdipe la mort était le prix de l'ignorance)
et le jeu de salon. *Qui êtes-vous?* Cette devinette est aussi
la question des *Maximes*; on l'a vu, tout, dans leur
structure, est très proche d'un jeu verbal, non pas, bien
entendu, d'un hasard des mots tel que pouvaient le
concevoir les surréalistes, eux aussi d'ailleurs faiseurs de
maximes, mais du moins d'une soumission du sens à
certaines formes pré-établies, comme si la règle formelle était
un instrument de vérité. On sait que les maximes de
La Rochefoucauld sont effectivement nées de jeux de salons
(portraits, devinettes, sentences); et cette rencontre du
tragique et du mondain, l'un frôlant l'autre, ce n'est pas
la moindre des vérités que nous proposent les *Maximes* :
leurs découvertes peuvent ici et là passer, emportées par
l'histoire des hommes, mais leur projet reste, qui dit que le
jeu touche à la mort du sujet[1].

1961

1. Préface à La Rochefoucauld, *Réflexions ou Sentences et Maximes*,
Club français du livre, 1961.

Les planches de
l'« Encyclopédie »

Notre littérature a mis très longtemps à découvrir l'objet; il faut attendre Balzac pour que le roman ne soit plus seulement l'espace de purs rapports humains, mais aussi de matières et d'usages appelés à jouer leur partie dans l'histoire des passions : Grandet eût-il pu être avare (littérairement parlant), sans ses bouts de chandelles, ses morceaux de sucre et son crucifix d'or? Bien avant la littérature, l'*Encyclopédie*, singulièrement dans ses planches, pratique ce que l'on pourrait appeler une certaine philosophie de l'objet : c'est-à-dire qu'elle réfléchit sur son être, opère à la fois un recensement et une définition; le dessein technologique obligeait sans doute à décrire des objets; mais en séparant les images du texte, l'*Encyclopédie* s'engageait dans une iconographie autonome de l'objet, dont nous savourons aujourd'hui toute la puissance, puisque nous ne regardons plus ces illustrations à des fins pures de savoir, comme on voudrait le montrer ici.

Les planches de l'*Encyclopédie* présentent l'objet, et cette présentation ajoute déjà à la fin didactique de l'illustration une justification plus gratuite, d'ordre esthétique ou onirique : on ne saurait mieux comparer l'imagerie de l'*Encyclopédie* qu'à l'une de ces grandes expositions qui se font dans le monde depuis une centaine d'années, et dont, pour l'époque, l'illustration encyclopédique fut comme l'ancêtre : il s'agit toujours dans les deux cas à la fois d'un bilan et d'un spectacle : il faut aller aux planches de l'*Encyclopédie* (sans parler de bien d'autres motifs) comme on va

aujourd'hui aux expositions de Bruxelles ou de New York.
Les objets présentés sont à la lettre encyclopédiques,
c'est-à-dire qu'ils couvrent toute la sphère des matières
mises en forme par l'homme : vêtements, voitures, ustensiles,
armes, instruments, meubles, tout ce que l'homme découpe
dans le bois, le métal, le verre ou la fibre est ici catalogué,
du ciseau à la statue, de la fleur artificielle au navire.
Cet objet encyclopédique est ordinairement saisi par l'image
à trois niveaux : anthologique lorsque l'objet, isolé de tout
contexte, est présenté en soi; anecdotique, lorsqu'il est
« naturalisé » par son insertion dans une grande scène
vivante (c'est ce qu'on appelle la vignette); génétique, lorsque l'image nous livre le trajet qui va de la matière
brute à l'objet fini : genèse, essence, praxis, l'objet est
ainsi cerné sous toutes ses catégories : tantôt il est, tantôt
il est fait, tantôt enfin il fait. De ces trois états, assignés
ici et là à l'objet-image, l'un est certainement privilégié
par l'*Encyclopédie* : celui de la naissance : il est bon de
pouvoir montrer comment on peut faire surgir les choses
de leur inexistence même et créditer ainsi l'homme d'un
pouvoir inouï de création : voici une campagne; le plein
de la nature (ses prés, ses collines, ses arbres) constitue
une sorte de vide humain dont on ne voit pas ce qui
pourrait sortir; cependant l'image bouge, des objets naissent,
avant-coureurs d'humanité : des raies sont tracées sur le
sol, des pieux sont enfoncés, des trous creusés; une coupe
nous montre sous la nature déserte un réseau puissant
de sapes et de filons : une mine est née. Ceci est comme
un symbole : l'homme encyclopédique *mine* la nature entière
de signes humains; dans le paysage encyclopédique, on
n'est jamais seul; au plus fort des éléments, il y a toujours
un *produit* fraternel de l'homme : l'objet est la signature
humaine du monde.

On sait qu'une simple matière peut donner à lire toute
une histoire : Brecht a retrouvé l'essence misérable de la
guerre de Trente ans en traitant à fond des étoffes, des
osiers et des bois. L'objet encyclopédique sort de matières

générales qui sont encore celles de l'ère artisanale. Si
nous visitons aujourd'hui une exposition internationale, nous
percevrions à travers tous les objets exposés deux ou trois
matières dominantes, verre, métal, plastique sans doute;
la matière de l'objet encyclopédique est d'un âge plus
végétal : c'est le bois qui domine dans ce grand catalogue;
il fait un monde d'objets doux à la vue, humains déjà
par leur matière, résistante mais non cassante, constructible
mais non plastique. Rien ne montre mieux ce pouvoir
d'humanisation du bois que les machines de l'*Encyclopédie*;
dans ce monde de la technique (encore artisanale, car
la grande industrie n'est pas née), la machine est évidemment un objet capital; or la plupart des machines de
l'*Encyclopédie* sont en bois; ce sont d'énormes échafauds,
fort compliqués, dans lesquels le métal ne fournit souvent
que les roues dentelées. Le bois qui les constitue les tient
assujetties à une certaine idée du jeu : ces machines sont
(pour nous) comme de grands jouets; contrairement aux
images modernes, l'homme, toujours présent dans quelque
coin de la machine, n'est pas avec elle dans un simple
rapport de surveillance; tournant une manivelle, jouant
d'une pédale, tissant un fil, il participe à la machine,
d'une façon à la fois active et légère; le graveur le représente
la plupart du temps habillé proprement en monsieur; ce
n'est pas un ouvrier, c'est un petit seigneur qui joue d'une
sorte d'orgue technique dont tous les rouages sont à découvert; ce qui frappe dans la machine encyclopédique, c'est
son absence de secret; en elle, il n'y a aucun lieu caché
(ressort ou coffret) qui recèlerait magiquement l'énergie,
comme il arrive dans nos machines modernes (c'est le
mythe de l'électricité que d'être une puissance générée par
elle-même, donc enfermée); l'énergie est essentiellement ici
transmission, amplification d'un simple mouvement humain;
la machine encyclopédique n'est jamais qu'un immense
relais; l'homme est à un terme, l'objet à l'autre; entre
les deux, un milieu architectural, fait de poutres, de cordes
et de roues, à travers lequel, comme une lumière, la force

humaine se développe, s'affine, s'augmente et se précise
à la fois : ainsi, dans le métier à marli, un petit homme
en jaquette, assis au clavier d'une immense machine en
bois, produit une gaze extrêmement fine, comme s'il jouait
de la musique; ailleurs, dans une pièce entièrement nue,
occupée seulement par tout un jeu de bois et de filins,
une jeune femme assise sur un banc tourne d'une main
une manivelle, cependant que son autre main reste doucement posée sur son genou. On ne peut imaginer une idée
plus *simple* de la technique.

Simplicité presque naïve, sorte de légende dorée de l'artisanat (car il n'y a dans ces planches nulle trace du mal
social) : l'*Encyclopédie* confond le simple, l'élémentaire,
l'essentiel et le causal. La technique encyclopédique est
simple parce qu'elle est réduite à un espace à deux termes :
c'est le trajet causal qui va de la matière à l'objet; aussi
toutes les planches qui mettent en cause quelque opération
technique (de transformation) mobilisent-elles une esthétique
de la nudité : grandes pièces vides, bien éclairées, où seuls
cohabitent l'homme et son travail : espace sans parasites,
aux murs nus, aux tables rases; le simple n'est ici rien
d'autre que le vital; on le voit bien dans l'atelier du
boulanger; comme élément premier, le pain implique un
lieu austère : à l'opposé, la pâtisserie, appartenant à l'ordre
du superflu, prolifère en instruments, opérations, produits,
dont l'ensemble agité compose un certain baroque. D'une
manière générale, la *production* de l'objet entraîne l'image
vers une simplicité presque sacrée; son *usage* au contraire
(représenté au moment de la vente, dans la boutique) auto-
rise un enjolivement de la vignette, abondante en instruments,
accessoires et attitudes : austérité de la création, luxe du
commerce, tel est le double régime de l'objet encyclopédique : la densité de l'image, sa charge ornementale signifie
toujours que l'on passe de la production à la consommation.

Bien entendu, la prééminence de l'objet dans ce monde
procède d'une volonté d'inventaire, mais l'inventaire n'est
jamais une idée neutre; recenser n'est pas seulement consta-

ter, comme il paraît à première vue, mais aussi s'approprier.
L'*Encyclopédie* est un vaste bilan de propriété; Groethuysen
a pu opposer à l'*orbis pictus* de la Renaissance, animé
par l'esprit d'une connaissance aventureuse, l'encyclopé-
disme du xviiie siècle, fondé, lui, sur un savoir d'appropriation. Formellement (ceci est bien sensible dans les planches),
la propriété dépend essentiellement d'un certain morcelle-
ment des choses : s'approprier, c'est fragmenter le monde,
le diviser en objets finis, assujettis à l'homme à proportion
même de leur discontinu : car on ne peut séparer sans
finalement nommer et classer, et dès lors, la propriété
est née. Mythiquement, la possession du monde n'a pas
commencé à la Genèse, mais au Déluge, lorsque l'homme
a été contraint de nommer chaque espèce d'animaux et
de la loger, c'est-à-dire de la séparer de ses espèces voisines;
l'*Encyclopédie* a d'ailleurs de l'arche de Noé une vue
essentiellement pragmatique; l'arche n'est pas pour elle
un navire – objet toujours plus ou moins *rêveur* –, mais
une longue caisse flottante, un coffre de recel; le seul
problème qu'elle semble poser à l'*Encyclopédie* n'est certes
pas théologique : c'est celui de sa construction ou même,
en termes plus techniques, comme il se doit, de sa charpente,
et plus exactement encore, de ses fenêtres, puisque chacune
d'elles correspond à un couple typique d'animaux, ainsi
divisés, nommés, domestiqués (qui passent gentiment leur
tête par l'ouverture).

La nomenclature encyclopédique (quel qu'en soit parfois
l'ésotérisme technique) fonde en effet une possession familière. Ceci est remarquable, car rien n'oblige logiquement
l'objet à être toujours amical à l'homme. L'objet, bien
au contraire, humainement, est une chose très ambiguë;
on a vu que pendant longtemps notre littérature ne l'a
pas reconnu; plus tard (c'est-à-dire, en gros, aujourd'hui),
l'objet a été doué d'une opacité malheureuse; assimilé à
un état inhumain de la nature, on ne peut penser à sa
prolifération sans un sentiment d'apocalypse ou de mal-être :
l'objet moderne, c'est, ou bien l'étouffement (Ionesco), ou

bien la nausée (Sartre). L'objet encyclopédique est au contraire assujetti (on pourrait dire qu'il est précisément pur *objet*, au sens étymologique du terme), pour une raison très simple et constante : c'est qu'il est à chaque fois *signé* par l'homme; l'image est la voie privilégiée de cette présence humaine, car elle permet de disposer discrètement à l'horizon de l'objet un homme permanent; les planches de l'*Encyclopédie* sont toujours peuplées (elles offrent en cela une grande parenté avec une autre iconographie « progressiste », ou pour être plus précis, bourgeoise : la peinture hollandaise du xviie siècle); vous pouvez imaginer l'objet naturellement le plus solitaire, le plus sauvage; soyez sûr que l'homme sera tout de même dans un coin de l'image; il regardera l'objet, ou le mesurera ou le surveillera, en usera au moins comme d'un spectacle; voyez le pavé des Géants, cet amas de basaltes effrayants composé par la nature à Antrim, en Écosse; ce paysage inhumain est, si l'on peut dire, bourré d'humanité; des messieurs en tricorne, de belles dames contemplent le paysage horrible en devisant familièrement; plus loin des hommes pêchent, des savants soupèsent la matière minérale : analysé en fonctions (spectacle, pêche, science), le basalte est *réduit*, apprivoisé, familiarisé, parce qu'il est *divisé* : ce qui frappe dans toute l'*Encyclopédie* (et singulièrement dans ses images), c'est qu'elle propose *un monde sans peur* (on verra à l'instant que le monstrueux n'en est pas exclu, mais à titre bien plus « surréaliste » que terrifiant). On peut même préciser davantage à quoi se réduit l'homme de l'image encyclopédique, quelle est, en quelque sorte, l'essence même de son humanité : ce sont ses mains. Dans beaucoup de planches (qui ne sont pas les moins belles), des mains, coupées de tout corps, voltigent autour de l'ouvrage (car leur légèreté est extrême); ces mains sont sans doute le symbole d'un monde artisanal (il s'agit encore de métiers traditionnels, peu mécanisés, la machine à vapeur est escamotée), comme on le voit par l'importance des tables (grandes, plates, bien éclairées, souvent cernées par des mains); mais au-delà de l'artisanat, c'est de l'essence humaine que les mains sont fatalement le signe inducteur : ne voit-on pas encore aujourd'hui, sur un mode plus détourné, notre publicité revenir sans cesse à ce motif mystérieux, à la fois naturel et surnaturel, comme si l'homme ne cessait de s'étonner d'avoir des mains? On n'en finit pas facilement avec la civilisation de la main.

Ainsi, dans l'état immédiat de ses représentations, l'*Encyclopédie* n'a déjà de cesse de familiariser le monde des objets (qui est sa matière première), en y adjoignant le chiffre obsédant de l'homme. Cependant, au-delà de la lettre de l'image, cette humanisation implique un système intellectuel d'une extrême subtilité : l'image encyclopédique est humaine, non seulement parce que l'homme y est figuré, mais aussi parce qu'elle constitue une structure d'*informations*. Cette structure, quoique iconographique, s'articule dans la plupart des cas comme le vrai langage (celui que nous appelons précisément *articulé*), dont elle reproduit les deux dimensions, bien mises au jour par la linguistique structurale; on sait en effet que tout discours comporte des unités signifiantes et que ces unités s'ordonnent selon deux axes, l'un de substitution (ou paradigmatique), l'autre de contiguïté (ou syntagmatique); chaque unité peut ainsi *varier* (virtuellement) avec ses parentes, et *s'enchaîner* (réellement) avec ses voisines. C'est ce qui se passe, *grosso modo*, dans une planche de l'*Encyclopédie*. La plupart de ces planches sont formées de deux parties; dans la partie inférieure, l'outil ou le geste (objet de la démonstration), isolé de tout contexte réel, est montré dans son essence; il constitue l'unité informative et cette unité est la plupart du temps *variée* : on en détaille les aspects, les éléments, les espèces; cette partie de la planche a pour rôle de *décliner* en quelque sorte l'objet, d'en manifester le paradigme; au contraire, dans la partie supérieure, ou vignette, ce même objet (et ses variétés) est saisi dans une scène vivante (généralement une scène de vente ou de confection, boutique ou atelier), enchaîné à d'autres

objets à l'intérieur d'une situation réelle : on retrouve ici
la dimension syntagmatique du message; et de même que
dans le discours oral, le système de la langue, perceptible
surtout au niveau paradigmatique, est en quelque sorte
caché derrière la coulée vivante des mots, de même la
planche encyclopédique joue à la fois de la démonstration
intellectuelle (par ses objets) et de la vie romanesque (par
ses scènes). Voici une planche de métier (le pâtissier) :
en bas, l'ensemble des instruments variés, nécessaires à
la profession; dans cet état paradigmatique, l'instrument
n'a aucune vie : inerte, figé dans son essence, il n'est
qu'un schème démonstratif, analogue à la forme quasi scolaire d'un paradigme verbal ou nominal; en haut, au
contraire, le fouet, le hachoir (les pâtissiers faisaient des
pâtés en croûte), le tamis, la bassine, le moule sont dispersés,
enchaînés, « agis » dans un tableau vivant, exactement
comme les « cas » distingués par la grammaire sont ordinairement donnés sans qu'on y pense dans le discours réel,
à cette différence près que le syntagme encyclopédique
est d'une extrême densité de sens; en langage informationnel,
on dira que la scène comporte peu de « bruits » (voir
par exemple l'atelier où sont rassemblées les principales
opérations de la gravure).

La plupart des objets issus du paradigme inférieur se
retrouvent donc dans la vignette à titre de signes; alors
que la nomenclature imagée des instruments, ustensiles,
produits et gestes ne comporte par définition aucun secret,
la vignette, chargée d'un sens disséminé, se présente toujours
un peu comme un rébus : il faut la déchiffrer, repérer
en elle les unités informatives. Du rébus, la vignette a
la densité même : il faut que *toutes* les informations rentrent
de force dans la scène vécue (d'où, à la lecture, une
certaine exploration du sens); dans la planche consacrée
au coton, un certain nombre d'accidents doivent nécessairement renvoyer à l'exotisme du végétal : le palmier, le chau-
me, l'île, le crâne rasé du Chinois, sa longue pipe (peu
pratique à vrai dire pour travailler le coton mais qui

appelle l'image de l'opium), aucune de ces informations n'est innocente : l'image est bourrée de significations démonstratives; d'une façon analogue, la lanterne de Démosthène est admirable *parce que* deux hommes en parlent et la montrent du doigt; c'est une antiquité *parce qu'*elle voisine avec une ruine; elle est située en Grèce, *parce qu'*il y a la mer, un bateau; nous contemplons son état présent *parce qu'*une bande d'hommes danse en cercle, à côté, quelque chose comme le bouzouki. De cette sorte de vocation cryptographique de l'image, il n'y a pas de meilleur symbole que les deux planches consacrées aux hémisphères; une sphère, enserrée d'un fin réseau de lignes, donne à lire le dessin de ses continents; mais ces lignes et ces contours ne sont qu'un transparent léger derrière lequel flottent, comme un sens *de derrière*, les figures des constellations (le Bouvier, le Dauphin, la Balance, le Chien).

Cependant la vignette, condensé de sens, offre aussi une résistance au sens, et l'on peut dire que c'est dans cette résistance que paradoxalement le langage de la planche devient un langage complet, un langage adulte. Il est en effet évident que pour un lecteur de l'époque la scène elle-même comporte souvent très peu d'informations neuves : qui n'avait vu une boutique de pâtissier, une campagne labourée, une pêche en rivière? La fonction de la vignette est donc ailleurs : le syntagme (puisque c'est de lui qu'il s'agit) nous dit ici, une fois de plus, que le langage (à plus forte raison le langage iconique) n'est pas pure communication intellectuelle : le sens n'est achevé que lorsqu'il est en quelque sorte naturalisé dans une action complète de l'homme; pour l'*Encyclopédie* aussi, il n'y a de message qu'en situation. On voit par là combien finalement le didactisme de l'*Encyclopédie* est ambigu : très fort dans la partie inférieure (paradigmatique) de la planche, il se dilue à son niveau syntagmatique, rejoint (sans se perdre vraiment) ce qu'il faut bien appeler la vérité romanesque de toute action humaine. A son étage démonstratif, la planche encyclopédique constitue une *langue radicale*, faite de purs

concepts, sans mots-outils ni syntaxe; à l'étage supérieur,
cette langue radicale devient langue humaine, elle perd
volontairement en intelligible ce qu'elle gagne en vécu.

La vignette n'a pas seulement une fonction existentielle,
mais aussi, si l'on peut dire, *épique*; elle est chargée de
représenter le terme glorieux d'un grand trajet, celui de
la matière, transformée, sublimée par l'homme, à travers
une série d'épisodes et de stations : c'est ce que symbolise
parfaitement la coupe du moulin, où l'on voit le grain
cheminer d'étage en étage pour se résoudre en farine.
La démonstration apparaît encore plus forte lorsqu'elle
est volontairement artificielle : par la porte ouverte d'une
boutique d'armes, on aperçoit dans la rue deux hommes
en train de ferrailler : la scène est peu probable, logique
cependant si l'on veut montrer le terme ultime de l'opération
(sujet de la planche), qui est le fourbissage : il y a un
trajet de l'objet qui doit être honoré jusqu'au bout. Ce
trajet est souvent paradoxal (d'où l'intérêt qu'il y a à
en bien montrer les termes); une masse énorme de bois
et de cordages produit une gracieuse tapisserie à fleurs :
l'objet fini, si différent de l'appareil qui lui a donné naissance, est placé en regard; l'effet et la cause, juxtaposés,
forment une figure du sens par contiguïté (qu'on appelle
métonymie) : la charpente du métier *signifie* finalement la
tapisserie. Le paradoxe atteint son comble (savoureux) lorsqu'on ne peut plus percevoir aucun rapport de substance
entre la matière de départ et l'objet d'arrivée : chez le
cartier, les cartes à jouer naissent d'un vide, le trou du
carton; dans l'atelier du fleuriste artificiel, non seulement
rien ne rappelle la fleur mais encore les opérations qui
s'y mènent sont constamment antipathiques à l'idée de
fleur : ce sont des poinçonnages, des coups de marteau,
des découpages à l'emporte-pièce : quel rapport entre ces
épreuves de force et la fragile efflorescence de l'anémone
ou de la renoncule? Précisément un rapport humain, celui
du faire tout-puissant de l'homme, qui de rien peut faire
tout.

L'*Encyclopédie* témoigne donc constamment d'une certaine épopée de la matière, mais cette épopée est aussi d'une certaine façon celle de l'esprit : le trajet de la matière n'est autre chose, pour l'encyclopédiste, que le cheminement de la raison : l'image a *aussi* une fonction logique. Diderot le dit expressément à propos de la machine à faire des bas, dont l'image va reproduire la structure : « *On peut la regarder comme un seul et unique raisonnement dont la fabrication de l'ouvrage est la conclusion; aussi règne-t-il entre ses parties une si grande dépendance qu'en retrancher une seule, ou altérer la forme de celles qu'on juge les moins importantes, c'est nuire à tout le mécanisme.* » On trouve ici prophétiquement formulé le principe même des ensembles cybernétiques; la planche, image de la machine, est bien à sa façon un cerveau; on y introduit de la matière et l'on dispose le « programme » : la vignette (le syntagme) sert de conclusion. Ce caractère logique de l'image a un autre modèle, celui de la dialectique : l'image analyse, énumère d'abord les éléments épars de l'objet ou de l'opération et les jette comme sur une table sous les yeux du lecteur, puis les recompose, leur adjoignant même pour finir l'épaisseur de la scène, c'est-à-dire de la vie. Le montage encyclopédique est fondé en raison : il descend dans l'analyse aussi profondément qu'il est nécessaire pour « *apercevoir les éléments sans confusion* » (selon un autre mot de Diderot, à propos précisément des dessins, fruits d'enquêtes sur place menées par les dessinateurs dans les ateliers) : l'image est une sorte de synopsis rationnel : elle n'illustre pas seulement l'objet ou son trajet, mais aussi l'esprit même qui le pense; ce double mouvement correspond à une double lecture; si vous lisez la planche de bas en haut, vous obtenez en quelque sorte une lecture vécue, vous revivez le trajet épique de l'objet, son épanouissement dans le monde complexe des consommateurs; vous allez de la nature à la socialité; mais si vous lisez l'image de haut en bas, en partant de la vignette, c'est le cheminement de l'esprit analytique que vous reproduisez; le monde

vous donne de l'usuel, de l'évident (c'est la scène); avec
l'encyclopédiste, vous descendez progressivement aux causes, aux matières, aux éléments premiers, vous allez du
vécu au causal, vous intellectualisez l'objet. Le privilège
de l'image, opposée en cela à l'écriture, qui est linéaire,
c'est de n'obliger à aucun sens de lecture : une image
est toujours privée de vecteur logique (des expériences
récentes tendent à le prouver); celles de l'*Encyclopédie*
possèdent une circularité précieuse : on peut les lire à partir
du vécu ou au contraire de l'intelligible : le monde réel
n'est pas réduit, il est suspendu entre deux grands ordres
de réalité, à la vérité irréductibles.

Tel est le système informatif de l'image encyclopédique.
Cependant l'information n'est pas close avec ce que l'image
pouvait dire au lecteur de son époque : le lecteur moderne
reçoit lui aussi de cette image ancienne des informations
que l'encyclopédiste ne pouvait prévoir : informations historiques tout d'abord : il est assez évident que les planches
de l'*Encyclopédie* sont une mine de renseignements précieux
sur la civilisation du xviii° siècle (tout au moins de sa
première moitié); information rêveuse, si l'on peut dire,
ensuite : l'objet d'époque ébranle en nous des analogies
proprement modernes; c'est là un phénomène de connotation
(la connotation, notion linguistique précise, est constituée
par le développement d'un sens second), qui justifie profondément l'édition nouvelle des documents anciens. Prenez
par exemple la diligence de Lyon; l'*Encyclopédie* ne pouvait
viser à rien d'autre qu'à la reproduction objective – mate,
pourrait-on dire – d'un certain moyen de transport; or
il se trouve que ce coffre massif et fermé éveille tout
de suite en nous ce que l'on pourrait appeler les souvenirs
de l'imagination : histoires de bandits, enlèvements, rançons,
transferts nocturnes de prisonniers mystérieux, et même
plus près de nous, westerns, tout le mythe héroïque et
sinistre de la diligence est là, dans cet objet noir, donné
innocemment, comme aurait pu le faire une photographie
de l'époque. Il y a une *profondeur* de l'image encyclopédi-

que, celle-là même du temps qui transforme l'objet en mythe.

Ceci amène à ce qu'il faut bien appeler la Poétique de l'image encyclopédique, si l'on accepte de définir la Poétique comme la sphère des vibrations infinies du sens, au centre de laquelle est placé l'objet littéral. On peut dire qu'il n'y a pas une planche de l'*Encyclopédie* qui ne vibre bien au-delà de son propos démonstratif. Cette vibration singulière est avant tout un étonnement. Certes, l'image encyclopédique est toujours claire; mais dans une région plus profonde de nous-mêmes, au-delà de l'intellect, ou du moins dans son profil, des questions naissent et nous débordent. Voyez l'étonnante image de l'homme réduit à son réseau de veines; l'audace anatomique rejoint ici la grande interrogation poétique et philosophique : *Qu'est-ce que c'est? Quel nom donner? Comment donner un nom?* Mille noms surgissent, se délogent les uns les autres : un arbre, un ours, un monstre, une chevelure, une étoffe, tout ce qui déborde la silhouette humaine, la distend, l'attire vers des régions lointaines d'elle-même, lui fait franchir le partage de la nature; cependant, de même que dans l'esquisse d'un maître, le fouillis des coups de crayon se résout finalement en une forme pure et exacte, parfaitement signifiante, de même ici toutes les vibrations du sens concourent à nous imposer une certaine idée de l'objet; dans cette forme d'abord humaine, puis animale, puis végétale, nous reconnaissons toujours une sorte de substance unique, veine, cheveu ou fil, et accédons à cette grande matière indifférenciée dont la poésie verbale ou picturale est le mode de connaissance : devant l'homme de l'*Encyclopédie*, il faut dire *le fibreux*, comme les anciens Grecs disaient *l'humide* ou *le chaud* ou *le rond* : une certaine essence de la matière est ici affirmée.

Il ne peut en effet y avoir de poésie anarchique. L'iconographie de l'*Encyclopédie* est poétique parce que les débordements du sens y ont toujours une certaine unité, suggèrent un sens ultime, transcendant à tous les *essais* du sens.

Par exemple : l'image de la matrice est à vrai dire assez
énigmatique; cependant ses vibrations métaphoriques (on
dirait un bœuf écorché à l'étal, un intérieur de corps
qui se défait et flotte) ne contredisent pas le traumatisme
originel attaché à cet objet. Il y a une certaine horreur
et une certaine fascination communes à quelques objets
et qui fondent précisément ces objets en une *classe* homogène, dont la Poétique affirme l'unité et l'identité. C'est cet
ordre profond de la métaphore qui justifie – poétiquement
– le recours à une certaine catégorie du *monstrueux* (c'est
du moins, selon la loi de connotation, ce que nous percevons
devant certaines planches) : monstres anatomiques, comme
c'est le cas de l'énigmatique matrice ou celui du buste
aux bras coupés, à la poitrine ouverte, au visage révulsé
(destiné à nous montrer les artères du thorax); monstres
surréalistes (ces statues équestres gainées de cire et de
liens), objets immenses et incompréhensibles (à mi-chemin
entre le bas et le portemanteaux, et qui ne sont ni l'un
ni l'autre, dans le métier à bas), monstres plus subtils
(assiettes de poison aux cristaux noirs et aigus), toutes
ces transgressions de la nature font comprendre que le
poétique (car le monstrueux ne saurait être que le poétique)
n'est jamais fondé que par un déplacement du niveau
de perception : c'est l'une des grandes richesses de l'*Encyclopédie* que de *varier* (au sens musical du terme) le niveau
auquel un même objet peut être perçu, libérant ainsi les
secrets mêmes de la forme : vue au microscope, la puce
devient un horrible monstre, caparaçonné de plaques de
bronze, muni d'épines acérées, à la tête d'oiseau méchant,
et ce monstre atteint au sublime étrange des dragons mythologiques; ailleurs et dans un autre registre, le cristal de
neige, grossi, devient une fleur compliquée et harmonieuse.
La poésie n'est-elle pas un certain pouvoir de *disproportion*,
comme Baudelaire l'a si bien vu en décrivant les effets
de réduction et de précision du hachisch?
    Autre catégorie exemplaire du poétique (à côté du mons-
trueux) : une certaine *immobilité*. On vante toujours le

mouvement d'un dessin. Cependant, par un paradoxe inévitable, *l'image* du mouvement ne peut être qu'arrêtée; pour se signifier lui-même, le mouvement doit s'immobiliser au point extrême de sa course; c'est ce repos inouï, intenable, que Baudelaire appelait la vérité emphatique du geste et que l'on retrouve dans la peinture démonstrative, celle de Gros par exemple; à ce geste suspendu, sur-signifiant, on pourrait donner le nom de *numen*, car c'est bien le geste d'un dieu qui crée silencieusement le destin de l'homme, c'est-à-dire le sens. Dans l'*Encyclopédie*, les gestes numineux abondent car ce que fait l'homme ne peut y être insignifiant. Dans le laboratoire de chimie, par exemple, chaque personnage nous présente des actes *légèrement* impossibles, car à la vérité un acte ne peut être à la fois efficace et signifiant, un geste ne peut être tout à fait un acte : le garçon qui lave les plats, curieusement, ne regarde pas ce qu'il fait; son visage, tourné vers nous, laisse à l'opération qu'il mène une sorte de solitude démonstrative; et si les deux chimistes discourent entre eux, il est nécessaire que l'un d'eux lève le doigt pour nous signifier par ce geste emphatique le caractère docte de la conversation. De même, dans l'école de Dessin, les élèves sont *saisis* au moment presque improbable (à force de vérité) de leur agitation. Il y a en effet un ordre physique où le paradoxe de Zénon d'Élée est vrai, où la flèche vole et ne vole pas, vole de ne pas voler, et cet ordre est celui de la peinture (ici du dessin).

On le voit, la poétique encyclopédique se définit toujours comme un certain irréalisme. C'est la gageure de l'*Encyclopédie* (dans ses planches) d'être à la fois une œuvre didactique, fondée en conséquence sur une exigence sévère d'objectivité (de « réalité ») et une œuvre poétique, dans laquelle le réel est sans cesse débordé par *autre chose* (l'*autre* est le signe de tous les mystères). Par des moyens purement graphiques qui ne recourent jamais à l'alibi noble de l'*art*, le dessin encyclopédique fait éclater le monde exact qu'il se donne au départ. On peut préciser le sens de cette

subversion qui n'atteint pas seulement l'idéologie (et en
cela les planches de l'*Encyclopédie* élargissent singulièrement les dimensions de l'entreprise), mais aussi d'une
manière infiniment plus grave, la rationalité humaine. Dans
son ordre même (décrit ici sous les espèces du syntagme
et du paradigme, de la vignette et du bas de page), la
planche encyclopédique accomplit ce *risque* de la raison.
La vignette, représentation réaliste d'un monde simple, familier (boutiques, ateliers, paysages) est liée à une certaine
évidence tranquille du monde : la vignette est paisible,
rassurante; quoi de plus délicieusement casanier que le
potager, avec ses murs clos, ses espaliers au soleil? Quoi
de plus heureux, quoi de plus sage que le pêcheur à
la ligne, le tailleur assis à sa fenêtre, les vendeuses de
plume, l'enfant qui leur parle? Dans ce ciel encyclopédique
(le haut des planches), le mal est rare; à peine un malaise
devant le dur travail des ouvriers en verrerie, armés de
pauvres outils, mal protégés contre la chaleur; et lorsque
la nature s'assombrit, il reste toujours quelque part un
homme pour la rassurer : pêcheur au flambeau devant
la mer nocturne, savant discourant devant les basaltes
noirs d'Antrim, main légère du chirurgien posée sur le
corps qu'il opère, chiffres du savoir disposés en germe
au plus fort de la tempête (dans la gravure des trombes
de la mer). Cependant dès que l'on quitte la vignette
pour des planches ou des images plus analytiques, l'ordre
paisible du monde est ébranlé au profit d'une certaine
violence. Toutes les forces de la raison et de la déraison
concourent à cette inquiétude poétique; d'abord la métaphore elle-même, d'un objet simple, littéral, fait un objet
infiniment tremblé : l'oursin est *aussi* soleil, ostensoir : le
monde nommé n'est jamais sûr, sans cesse fasciné par
des essences devinées et inaccessibles; et puis surtout (et
c'est l'interrogation finale posée par ces planches), l'esprit
analytique lui-même, arme de la raison triomphante, ne
peut que doubler le monde expliqué par un nouveau monde
à expliquer, selon un procès de circularité infinie qui est

celui-là même du dictionnaire où le mot ne peut être
défini que par d'autres mots; en « entrant » dans les détails,
en déplaçant les niveaux de perception, en dévoilant le
caché, en isolant les éléments de leur contexte pratique,
en donnant aux objets une essence abstraite, bref en « ouvrant » la nature, l'image encyclopédique ne peut à un
certain moment que la dépasser, atteindre à la surnature
elle-même : c'est à force de didactisme que naît ici une
sorte de surréalisme éperdu (phénomène que l'on retrouve
sur un mode ambigu dans la troublante encyclopédie de
Flaubert, *Bouvard et Pécuchet*) : veut-on montrer comment
sont fondues les statues équestres? Il faut les envelopper
d'un appareil extravagant de cire, de bandelettes et de
supports : quelle déraison pourrait atteindre cette *limite*
(sans parler de la démystification violente qui réduit Louis
XIV guerrier à cette poupée monstrueuse)? D'une manière
générale, l'*Encyclopédie* est fascinée, à force de raison,
par l'*envers* des choses : elle coupe, elle ampute, elle évide,
tourne, elle veut passer *derrière* la nature. Or tout envers
est troublant : science et para-science sont mêlées, surtout
au niveau de l'image. L'*Encyclopédie* ne cesse de procéder
à une fragmentation impie du monde, mais ce qu'elle
trouve au terme de cette cassure n'est pas l'état fondamental
des causes toutes pures; l'image l'oblige la plupart du
temps à recomposer un objet proprement *déraisonnable*;
la première nature une fois dissoute, une autre nature
surgit, aussi formée que la première. En un mot, la fracture
du monde est impossible : il suffit d'un regard – le nôtre
– pour que le monde soit éternellement plein[1].

1964

1. « Image, raison, déraison », dans : *l'Univers de l'Encyclopédie*, 130
planches de l'Encyclopédie de Diderot et d'Alembert, Libraires associés,
1964.

Chateaubriand :
« *Vie de Rancé* »

Je ne suis plus que le temps. *Vie de Rancé.*

Personne a-t-il jamais lu la *Vie de Rancé* comme elle fut écrite, du moins explicitement, c'est-à-dire comme une œuvre de pénitence et d'édification? Que peut dire aujourd'hui à un homme incroyant, dressé par son siècle à ne pas céder au prestige des « phrases », cette vie d'un trappiste du temps de Louis XIV écrite par un romantique? Cependant nous pouvons aimer ce livre, il peut donner la sensation du chef-d'œuvre, ou mieux encore (car c'est là une notion trop contemplative) d'un livre brûlant, où certains d'entre nous peuvent retrouver quelques-uns de leurs problèmes, c'est-à-dire de leurs limites. Comment l'œuvre pieuse d'un vieillard rhéteur, écrite sur la commande insistante de son confesseur, surgie de ce romantisme français avec lequel notre modernité se sent peu d'affinité, comment cette œuvre peut-elle nous concerner, nous étonner, nous combler? Cette sorte de distorsion posée par le temps entre l'écriture et la lecture est le défi même de ce que nous appelons littérature : l'œuvre lue est *anachronique* et cet anachronisme est la question capitale qu'elle pose au critique : on arrive peu à peu à expliquer une œuvre par son temps ou par son projet, c'est-à-dire à justifier le scandale de son apparition; mais comment réduire celui de sa survie? A quoi donc la *Vie de Rancé* peut-elle nous convertir, nous qui avons lu Marx, Nietzsche, Freud, Sartre, Genet ou Blanchot?

La région du profond silence

Chateaubriand écrit la *Vie de Rancé* à soixante-seize ans; c'est sa dernière œuvre (il mourra quatre ans plus tard). C'est là une bonne position pour développer un lieu commun (au sens technique du terme : un *topos*) de la littérature classique, celui de la vanité des choses : passant lui-même, et sur la fin du passage, le vieillard ne peut chanter que ce qui passe : l'amour, la gloire, bref le monde. Ce thème de la *vanitas* n'est pas étranger à la *Vie de Rancé*; souvent on croirait lire *l'Ecclésiaste* : « *Sociétés depuis longtemps évanouies, combien d'autres vous ont succédé! les danses s'établissent sur la poussière des morts, et les tombeaux poussent sous les pas de la joie... Où sont aujourd'hui les maux d'hier? Où seront demain les félicités d'aujourd'hui?* » On retrouvera donc ici, dans d'incessantes digressions, l'attirail classique des vanités humaines : les amours qui fanent (voir le passage célèbre sur les lettres d'amour), les tombeaux, les ruines (Rome), les châteaux abandonnés (Chambord), les dynasties qui s'éteignent, les forêts qui envahissent, les belles femmes oubliées, les lionnes vieillissantes dont on entend à peine se refermer la tombe; seul peut-être pour Chateaubriand le livre ne flétrit pas.

Cependant le thème sapiential, si fréquent dans la littérature classique et chrétienne, a presque disparu des œuvres modernes : la vieillesse n'est plus un âge littéraire; le vieil homme est très rarement un héros romanesque; c'est aujourd'hui l'enfant qui émeut, c'est l'adolescent qui séduit, qui inquiète; il n'y a plus d'image du vieillard, il n'y a plus de philosophie de la vieillesse peut-être parce que le vieillard est *in-désirable*. Pourtant une telle image peut être déchirante, infiniment plus que celle de l'enfant et tout autant que celle de l'adolescent, dont le vieillard partage d'ailleurs

la situation existentielle d'abandonnement; la *Vie de Rancé*,
dont le sujet évident est la vieillesse, peut émouvoir autant
qu'un roman d'amour, car la vieillesse (ce long supplice,
disait Michelet) peut être une maladie comme l'amour :
Chateaubriand était malade de sa vieillesse (et ceci est
nouveau par rapport au *topos* classique); la vieillesse a
chez lui une consistance propre, elle existe comme un
corps étranger, gênant, douloureux, et le vieillard entretient
avec elle des rapports magiques : une métaphore incessante
et variée la pourvoit d'une véritable matière, douée d'une
couleur (elle est *la voyageuse de nuit*) et d'un chant
(elle est *la région du profond silence*). C'est cette langueur
d'être vieux, étendue tout au long des *Mémoires*, qui est
ici condensée sous la figure d'un solitaire, Rancé; car
celui qui abandonne volontairement le monde peut se
confondre sans peine avec celui que le monde abandonne :
le rêve, sans lequel il n'y aurait pas d'écriture, abolit
toute distinction entre les voix active et passive : l'abandon-
neur et l'abandonné ne sont ici qu'un même homme, Chateaubriand peut être Rancé.

A vingt-neuf ans, avant de se convertir, Chateaubriand
écrivait : « *Mourons tout entiers de peur de souffrir ailleurs.
Cette vie doit corriger de la manie d'être.* » La vieillesse
est un temps où l'on meurt à moitié, elle est la mort
sans le néant. Ce paradoxe a un autre nom, c'est l'Ennui
(de Mme de Rambouillet vieillissante : « *Il y avait déjà
longtemps qu'elle n'existait plus, à moins de compter des
jours qui ennuient* »); l'ennui est l'expression d'un temps
en trop, d'une vie en trop. Dans cette déréliction, qui
est chantée tout au long de *la Vie de Rancé* sous couvert
de piété (Dieu est un moyen commode pour parler du
néant), on reconnaîtra un thème adolescent : *la vie me
fut infligée. – Que fais-je dans le monde?;* par ce sentiment
profondément existentiel (et même existentialiste), la *Vie
de Rancé*, sous l'appareil chrétien, fait penser à *la Nausée*;
les deux expériences ont d'ailleurs la même issue : *écrire* :
seule l'écriture peut donner du sens à l'insignifiant; la

différence, c'est que la déréliction existentielle est infligée
à l'homme d'une façon métaphysique, par-delà les âges;
Chateaubriand, lui, est de trop par rapport à un temps
antérieur, à un être de ses souvenirs; lorsque le souvenir
apparaît comme un système complet de représentations
(c'est le cas des *Mémoires*), la vie est terminée, la vieillesse
commence, qui est du temps pur (*je ne suis plus que
le temps*); l'existence n'est donc pas réglée par la physiologie
mais par la mémoire; dès que celle-ci peut coordonner,
structurer (et cela peut arriver très jeune), l'existence devient
destin, mais par là même prend fin, car le destin ne peut
jamais se conjuguer qu'au passé antérieur, il est un temps
fermé. Étant le regard qui transforme la vie en destin,
la vieillesse fait de la vie une essence mais elle n'est
plus la vie. Cette situation paradoxale fait de l'homme
qui dure un être dédoublé (Chateaubriand parle de l'*arrière-
vie* de Rancé), qui n'atteint jamais à une existence complète :
d'abord les chimères, ensuite les souvenirs, mais jamais
en somme la possession : c'est la dernière impasse de
la vieillesse : les choses ne sont que lorsqu'elles ne sont
plus : « *Mœurs d'autrefois, vous ne renaîtrez pas; et si
vous renaissiez, retrouveriez-vous le charme dont vous a
parées votre poussière?* » L'anamnèse, qui est au fond
le grand sujet de *Rancé*, le Réformateur ayant eu lui
aussi une double vie, mondaine et monastique, l'anamnèse
est donc une opération à la fois exaltante et déchirante;
cette passion de la mémoire ne s'apaise que dans un
acte qui lui donne enfin au souvenir une stabilité d'essence :
écrire. La vieillesse est pour Chateaubriand étroitement
liée à l'idée d'œuvre. Sa *Vie de Rancé* est prophétiquement
vécue comme sa dernière œuvre et, à deux reprises, il
s'identifie à Poussin mourant à Rome (la ville des ruines)
et déposant dans son dernier tableau cette imperfection
mystérieuse et souveraine, plus belle que l'art achevé et
qui est *le tremblement du temps* : le souvenir est le début
de l'écriture et l'écriture est à son tour le commencement
de la mort (si jeune qu'on l'entreprenne).

Telle est, semble-t-il, l'expérience de départ de la *Vie de Rancé* : une passion malheureuse, celle, non point de vieillir, mais d'*être* vieux, tout entier passé du côté du temps pur, dans cette région du profond silence (écrire n'est pas parler) d'où le vrai *moi* apparaît lointain, antérieur (Chateaubriand mesure son mal d'être au fait qu'il peut désormais *se citer*). On comprend qu'un tel départ ait obligé Chateaubriand à s'introduire sans cesse dans la vie du Réformateur, dont il voulait n'être pourtant que le pieux biographe. Cette sorte d'entrelacs est banal : comment raconter quelqu'un sans se projeter en lui? Mais précisément : l'intervention de Chateaubriand n'est à vrai dire nullement projective (ou du moins son projet est très particulier); certes il existe certaines ressemblances entre Rancé et Chateaubriand; sans parler d'une « stature » commune, le retrait mondain de Rancé (sa conversion) double la séparation du monde imposée (mythiquement) à Chateaubriand par la vieillesse : tous deux ont une *arrière-vie;* mais celle de Rancé est volontairement muette, en lui le souvenir (de sa jeunesse brillante, lettrée, amoureuse) ne peut précisément parler que par la voix de Chateaubriand, qui doit se souvenir pour deux; d'où l'entrelacs, non de sentiments (Chateaubriand se sent à vrai dire peu de sympathie pour Rancé), mais des souvenirs. L'immixtion de Chateaubriand dans la vie de Rancé n'est donc nullement diffuse, sublime, imaginative, en un mot « romantique » (en particulier, Chateaubriand ne *déforme* pas Rancé pour se loger en lui), mais bien au contraire cassée, abrupte. Chateaubriand ne se projette pas, il se surimprime, mais comme le discours est apparemment linéaire et que toute opération de simultanéité lui est difficile, l'auteur ne peut plus ici qu'entrer de force par fragments dans une vie qui n'est pas la sienne; la *Vie de Rancé* n'est pas une œuvre coulée, c'est une œuvre brisée (nous aimons cette « chute » continuelle); sans cesse, bien qu'à chaque fois brièvement, le fil du Réformateur est cassé au profit d'un brusque souvenir du narrateur : Rancé arrive à Comminges après un tremblement de terre : c'est ainsi que Chateaubriand arriva à Grenade; Rancé traduit Dorothée : Chateaubriand a vu entre Jaffa et Gaza le désert habité par le saint; Bossuet et Rancé se promenaient à la Trappe après Vêpres. « *J'ai osé profaner avec les pas qui me servirent à rêver René, la digue où Bossuet et Rancé s'entretenaient des choses divines* »; saint Jérôme, pour noyer ses pensées dans ses sueurs, portait des fardeaux de sable le long de la mer Morte. « *Je les ai parcourues moi-même, ces steppes, sous le poids de mon esprit.* » Il y a dans ce ressassement brisé, qui est le contraire d'une assimilation, et par conséquent, selon le sens courant, d'une « création », quelque chose d'inapaisé, comme un ressac étrange : le *moi* est inoubliable : sans jamais l'absorber, Rancé laisse périodiquement à découvert Chateaubriand : jamais un auteur ne s'est moins défait; il y a dans cette *Vie* quelque chose de dur, elle est faite d'éclats, de fragments combinés mais non fondus; Chateaubriand ne double pas Rancé, il l'interrompt, préfigurant ainsi une littérature du fragment, selon laquelle les consciences inexorablement séparées (de l'auteur et du personnage) n'empruntent plus hypocritement une même voix composite. Avec Chateaubriand, l'auteur commence sa solitude : l'auteur *n'est pas* son personnage : une distance s'institue, que Chateaubriand assume, sans s'y résigner; d'où ces retours qui donnent à la *Vie de Rancé* son vertige particulier.

La tête coupée

La *Vie de Rancé* est en effet composée d'une façon irrégulière; certes les quatre parties principales suivent en gros la chronologie : jeunesse mondaine de Rancé, sa conversion, sa vie à la Trappe, sa mort; mais si l'on descend au niveau de ces unités mystérieuses du discours

que la stylistique a encore mal définies et qui sont intermédiaires entre le mot et le chapitre (parfois une phrase,
parfois un paragraphe), la brisure du sens est continuelle,
comme si Chateaubriand ne pouvait jamais s'empêcher
de tourner brusquement la tête vers « autre chose » (l'écrivain est donc un *étourdi?);* ce désordre est sensible dans
la venue des portraits (très nombreux dans la *Vie de
Rancé*); on ne sait jamais à quel moment Chateaubriand
va parler de quelqu'un; la digression est imprévisible, son
rapport au fil du récit est toujours brusque et ténu; ainsi
Chateaubriand a eu plusieurs fois l'occasion de parler
du cardinal de Retz au moment de la jeunesse frondeuse
de Rancé; le portrait de Retz ne sort cependant que bien
après la Fronde, au moment d'un voyage de Rancé à
Rome. A propos de ce xviiᵉ siècle qu'il admirait, Chateaubriand parle de *ces temps où rien n'était encore classé*,
suggérant ainsi le baroque profond du classicisme. La *Vie
de Rancé* participe aussi d'un certain baroque (on prend
ici ce mot sans rigueur historique), dans la mesure où
l'auteur accepte de combiner sans structurer selon le canon
classique; il y a chez Chateaubriand une exaltation de
la rupture et de la ramification. Bien que ce phénomène
ne soit pas à proprement parler stylistique, puisqu'il peut
excéder les limites de la simple phrase, on peut lui donner
un modèle rhétorique : l'*anacoluthe*, qui est à la fois brisure
de la construction et envol d'un sens nouveau.

On sait que dans le discours ordinaire le rapport des
mots est soumis à une certaine probabilité. Cette probabilité
courante, Chateaubriand la raréfie; quelle chance y a-t-il
de voir apparaître le mot *algue* dans la vie de Marcelle
de Castellane? Cependant Chateaubriand nous dit tout
d'un coup à propos de la mort de cette jeune femme :
« *Les jeunes filles de Bretagne se laissent noyer sur les
grèves après s'être attachées aux algues d'un rocher.* » Le
petit Rancé est un prodige en grec : quel rapport avec
le mot *gant*? Cependant, en deux mots, le rapport est
comblé (le jésuite Caussin éprouve l'enfant en cachant

son texte avec ses gants). A travers cet écart cultivé, c'est toujours une substance surprenante (*algue, gant*) qui fait irruption dans le discours. La parole littéraire (puisque c'est d'elle qu'il s'agit) apparaît ainsi comme un immense et somptueux débris, le reste fragmentaire d'une Atlantide où les mots, surnourris de couleur, de saveur, de forme, bref de *qualités* et non d'idées, brilleraient comme les éclats d'un monde *direct*, impensé, que ne viendrait ternir, ennuyer aucune logique : que les mots pendent comme de beaux fruits à l'arbre indifférent du récit, tel est au fond le rêve de l'écrivain; on pourrait lui donner pour symbole l'anacoluthe stupéfiante qui fait Chateaubriand parler d'orangers à propos de Retz (*« il vit à Saragosse un prêtre qui se promenait seul parce qu'il avait enterré son paroissien pestiféré. A Valence, les orangers formaient les palissades des grands chemins, Retz respirait l'air qu'avait respiré Vannozia »*). La même phrase conduit plusieurs mondes (Retz, l'Espagne) sans prendre la moindre peine de les lier. Par ces anacoluthes souveraines le discours s'établit en effet selon une profondeur : la langue humaine semble se rappeler, invoquer, recevoir une autre langue (celle des dieux, comme il est dit dans le *Cratyle*). L'anacoluthe est en effet à elle seule un ordre, une *ratio*, un principe; celle de Chateaubriand inaugure peut-être une nouvelle logique, toute moderne, dont l'opérateur est la seule et extrême rapidité du verbe, sans laquelle le rêve n'aurait pu investir notre littérature. Cette parataxe éperdue, ce silence des articulations a, bien entendu, les plus grandes conséquences pour l'économie générale du sens : l'anacoluthe oblige à *chercher* le sens, elle le fait « frissonner » sans l'arrêter; de Retz aux orangers de Valence, le sens rôde mais ne se fixe pas; une nouvelle rupture, un nouvel envol nous emporte à Majorque où Retz *« entendit des filles pieuses à la grille d'un couvent : elles chantaient »* : quel rapport? En littérature, tout est ainsi *donné* à comprendre, et pourtant, comme dans notre vie même, il n'y a *pour finir* rien à comprendre.

L'anacoluthe introduit en effet à une poétique de la distance. On croit communément que l'effort littéraire consiste à rechercher des affinités, des correspondances, des similitudes et que la fonction de l'écrivain est d'*unir* la nature et l'homme en un seul monde (c'est ce que l'on pourrait appeler sa fonction synesthésique). Cependant la métaphore, figure fondamentale de la littérature, peut être aussi comprise comme un puissant instrument de disjonction; notamment chez Chateaubriand où elle abonde, elle nous représente la contiguïté mais aussi l'incommunication de deux mondes, de deux langues flottantes, à la fois solidaires et séparées, comme si l'une n'était jamais que la nostalgie de l'autre; le récit fournit des éléments littéraux (il y oblige même) qui sont, par la voie métaphorique, tout d'un coup happés, soulevés, décollés, séparés, puis abandonnés au naturel de l'anecdote, cependant que la parole nouvelle, introduite, on l'a vu, de force, sans préparation, au gré d'une anacoluthe violente, met brusquement en présence d'un *ailleurs* irréductible. Chateaubriand parle du sourire d'un jeune moine mourant : « *On croyait entendre cet oiseau sans nom qui console le voyageur dans le vallon de Cachemir.* » Et ailleurs : « *Qui naissait, qui mourait, qui pleurait ici? Silence! Des oiseaux en haut du ciel volent vers d'autres climats.* » Chez Chateaubriand, la métaphore ne rapproche nullement des objets, elle sépare des mondes; techniquement (car c'est la même chose que de parler technique ou métaphysique), on dirait aujourd'hui qu'elle ne porte pas sur un seul signifiant (comme dans la comparaison poétique), mais qu'étendue aux grandes unités du discours elle participe à la vie même du syntagme, dont les linguistes nous disent qu'il est toujours très proche de la parole. Déesse de la division des choses, la grande métaphore de Chateaubriand est toujours nostalgique; tout en paraissant multiplier les échos, elle laisse l'homme comme *mat* dans la nature, et lui épargne finalement la mauvaise foi d'une authenticité *directe* : par exemple, il est impossible de parler humblement

de soi; Chateaubriand, par une dernière ruse, sans résoudre
cette impossibilité, la dépasse en nous transportant ailleurs :
« *Pour moi, tout épris que je puisse être de ma chétive
personne, je sais bien que je ne dépasserai pas ma vie.
On déterre dans des îles de Norvège quelques urnes gravées
de caractères indéchiffrables. A qui appartiennent ces cen-
dres? Les vents n'en savent rien.* » Chateaubriand sait bien
qu'il dépassera sa vie; mais ce n'est pas l'impossible humilité
qu'il veut nous faire entendre; ce que l'urne, la Norvège,
le vent glissent en nous, c'est quelque chose du nocturne
et de la neige, une certaine désolation dure, grise, froide,
bref *autre chose* que l'oubli, qui en est le simple sens
anagogique. La littérature n'est en somme jamais qu'un
certain biais, *dans lequel on se perd;* elle sépare, elle
détourne. Voyez la mort de Mme de Lamballe : *« Sa vie
s'envola comme ce passereau d'une barque du Rhône qui,
blessé à mort, fait pencher en se débattant l'esquif trop
chargé »;* nous voici bizarrement très loin de la Révolution.

Telle est, semble-t-il, la grande fonction de la rhétorique
et de ses figures : faire entendre, *en même temps*, autre
chose. Que la *Vie de Rancé* soit une œuvre littéraire
(et non, ou non pas seulement, apologétique), cela nous
entraîne très loin de la religion, et ici le détour est encore
une fois assumé par une figure : l'antithèse. L'antithèse
est, selon Rousseau, vieille comme le langage; mais dans
la *Vie de Rancé*, qu'elle structure entièrement, elle ne
sert pas seulement un dessein démonstratif (la foi *renverse*
les vies), elle est un véritable « droit de reprise » de l'écrivain
sur le temps. Vivant sa propre vieillesse comme une forme,
Chateaubriand ne pouvait se contenter de la conversion
« objective » de Rancé; il était nécessaire qu'en donnant
à cette vie la forme d'une parole réglée (celle de la littérature), le biographe la divisât en un *avant* (mondain) et
un *après* (solitaire), propres à une série infinie d'oppositions,
et pour que les oppositions fussent rigoureuses, il fallait
les séparer par un événement ponctuel, mince, aigu et décisif
comme l'arête d'un sommet d'où dévalent deux pays diffé-

rents; cet événement, Chateaubriand l'a trouvé dans la décollation de la maîtresse de Rancé; amoureux, lettré, guerrier, bref mondain, Rancé rentre un soir de la chasse, aperçoit la tête de son amante à côté de son cercueil et passe aussitôt sans un mot à la religion la plus farouche : il accomplit ainsi l'opération même de la contrariété, dans sa forme et son abstraction. L'événement est donc, à la lettre, *poétique* (« *Tous les poètes ont adopté la version de Larroque* – qui est l'hypothèse de la décollation –, *tous les religieux l'ont repoussée* »); il n'est possible, si l'on veut, qu'en littérature; il n'est ni vrai ni faux, il fait partie d'un système, sans lequel il n'y aurait pas de *Vie de Rancé*, ou du moins, de proche en proche, sans lequel la *Vie de Rancé* ne concernerait ni Chateaubriand ni ces lecteurs lointains que nous sommes. La littérature substitue ainsi à une vérité contingente une plausibilité éternelle; pour que la conversion de Rancé gagne le temps, notre temps, il faut qu'elle perde sa propre durée : pour être *dite*, elle devait se faire en une fois. C'est pourquoi aucun objet confié au langage ne peut être dialectique : le troisième terme – le temps – manque toujours : l'antithèse est la seule survie possible de l'histoire. Si « *la destinée d'un grand homme est une Muse* », il faut bien qu'elle parle au moyen de tropes.

Le chat jaune de l'abbé Séguin

Dans sa Préface, Chateaubriand nous parle de son confesseur, l'abbé Séguin, sur l'ordre duquel, par pénitence, il a écrit la *Vie de Rancé*. L'abbé Séguin avait un chat jaune. Peut-être ce chat jaune est-il toute la littérature; car si la notation renvoie sans doute à l'idée qu'un chat jaune est un chat disgracié, perdu, donc trouvé et rejoint ainsi d'autres détails de la vie de l'abbé, attestant tous sa bonté et sa pauvreté, ce jaune est aussi tout simplement jaune, il ne conduit pas seulement un sens sublime, bref intellectuel, il reste, entêté, au niveau des couleurs (s'opposant par exemple au *noir* de la vieille bonne, à celui du crucifix) : dire un *chat jaune* et non un *chat perdu*, c'est d'une certaine façon l'acte qui sépare l'écrivain de l'écrivant, non parce que le jaune « fait image », mais parce qu'il frappe d'enchantement le sens intentionnel, retourne la parole vers une sorte d'*en deçà* du sens; le *chat jaune* dit la bonté de l'abbé Séguin, mais aussi il dit *moins*, et c'est ici qu'apparaît le scandale de la parole littéraire. Cette parole est en quelque sorte douée d'une double longueur d'ondes; la plus longue est celle du sens (l'abbé Séguin est un saint homme, il vit pauvrement en compagnie d'un chat perdu); la plus courte ne transmet aucune information, sinon la littérature elle-même : c'est la plus mystérieuse, car, à cause d'elle, nous ne pouvons réduire la littérature à un système entièrement déchiffrable : la lecture, la critique ne sont pas de pures herméneutiques.

Occupé toute sa vie de sujets qui ne sont pas proprement littéraires, la politique, la religion, le voyage, Chateaubriand n'en a pas moins été toute sa vie un écrivain de plein statut : sa conversion religieuse (de jeunesse), il l'a immédiatement convertie en littérature (*le Génie du christianisme*); de même pour sa foi politique, ses souffrances, sa vie; il a pleinement disposé dans notre langue cette seconde longueur d'ondes qui suspend la parole entre le sens et le non-sens. Certes, la prose-spectacle (l'*épidictique*, comme disaient les Grecs) est très ancienne, elle règne chez tous nos Classiques, car dès lors que la rhétorique ne sert plus des fins judiciaires (qui sont ses origines), elle ne peut plus renvoyer qu'à elle-même et la littérature commence, c'est-à-dire un langage mystérieusement tautologique (*le jaune est jaune*); cependant Chateaubriand aide à instituer une nouvelle économie de la rhétorique. Jusque très tard dans notre littérature, la parole-spectacle (celle des écrivains classiques, par exemple) n'allait jamais sans le recours à un système traditionnel de sujets (d'*arguments*), qu'on appelait la topique. On a vu que Chateaubriand avait transformé le *topos* de la *vanitas* et que la vieillesse était devenue chez lui un thème existentiel; ainsi apparaît dans la littérature un nouveau problème, ou, si l'on préfère, une nouvelle forme : le mariage de l'authenticité et du spectacle. Mais aussi l'impasse se resserre.

La *Vie de Rancé* représente très bien cette impasse. Rancé est un chrétien absolu; comme tel, selon son propre mot, il doit être *sans souvenir, sans mémoire et sans ressentiment*; on peut ajouter : sans littérature. Certes, l'abbé de Rancé a écrit (des œuvres religieuses); il a même eu des coquetteries d'auteur (retirant un manuscrit des flammes); sa conversion religieuse n'en a pas moins été un suicide d'écrivain; dans sa jeunesse, Rancé aimait les lettres, y brillait même; devenu moine et voyageant, il « *n'écrit ni ne fait de journal* » (note Chateaubriand). A ce mort littéraire, Chateaubriand doit cependant donner une vie littéraire : c'est là le paradoxe de la *Vie de Rancé* et ce paradoxe est général, entraîne bien plus loin qu'un problème de conscience posé par une religion de l'abnégation. Tout homme qui écrit (et donc qui lit) a en lui un Rancé et un Chateaubriand; Rancé lui dit que son *moi* ne saurait supporter le théâtre d'aucune parole, sauf à se perdre : dire *Je*, c'est fatalement ouvrir un rideau, non pas tant dévoiler (ceci importe désormais fort peu) qu'inaugurer le cérémonial de l'imaginaire; Chateaubriand de son côté lui dit que les souffrances, les malaises, les exaltations, bref le pur sentiment d'existence de ce *moi* ne peuvent que plonger dans le langage, que l'âme « sensible » est condamnée à la parole, et par suite au théâtre même de cette parole. Cette contradiction rôde depuis bientôt deux siècles autour de nos écrivains : on se prend en conséquence à rêver d'un pur écrivain qui n'écrirait pas. Cela n'est évidemment pas un problème moral; il ne s'agit pas de prendre parti sur une ostentation fatale du langage; c'est au contraire le langage, comme l'avait

vu Kierkegaard, qui, étant le général, représente la catégorie
de la morale : comme être de l'absolument individuel, Abra-
ham sacrifiant doit renoncer au langage, il est condamné
à ne pas parler. L'écrivain moderne est et n'est pas Abra-
ham : il lui faut être à la fois hors de la morale et
dans le langage, il lui faut faire du général avec de l'irréductible, retrouver l'amoralité de son existence à travers la
généralité morale du langage : c'est ce passage *risqué* qui
est la littérature.

A quoi donc sert-elle? A quoi sert de dire *chat jaune*
au lieu de *chat perdu*? d'appeler la vieillesse *voyageuse
de nuit*? de parler des palissades d'orangers de Valence
à propos de Retz? A quoi sert la tête coupée de la
duchesse de Montbazon? Pourquoi transformer l'humilité
de Rancé (d'ailleurs douteuse) en un spectacle doué de
toute l'ostentation du style (style d'être du personnage,
style verbal de l'écrivain)? Cet ensemble d'opérations, cette
technique, à l'incongruité (sociale) de laquelle il faut toujours revenir, sert peut-être à ceci : *à moins souffrir*. Nous
ne savons pas si Chateaubriand reçut quelque plaisir,
quelque apaisement d'avoir écrit la *Vie de Rancé;* mais
à lire cette œuvre, et bien que Rancé lui-même nous
indiffère, nous comprenons la puissance d'un langage inutile.
Certes, appeler la vieillesse *la voyageuse de nuit* ne peut
guérir continûment du malheur de vieillir; car d'un côté
il y a le temps des maux réels qui ne peuvent avoir
d'issue que dialectique (c'est-à-dire innommée), et de l'autre
quelque métaphore qui éclate, éclaire sans agir. Et cependant cet éclat du mot met dans notre mal d'être la secousse
d'une distance : la nouvelle forme est pour la souffrance
comme un bain lustral : usé dès l'origine dans le langage
(y a-t-il d'autres sentiments que nommés?), c'est pourtant
le langage – mais un langage *autre* – qui rénove le pathétique. Cette distance, établie par l'écriture, ne devrait avoir
qu'un seul nom (si l'on pouvait lui ôter tout grincement) :
l'*ironie*. Par rapport à la difficulté d'être, dont elle est
une observation continuelle, la *Vie de Rancé* est une œuvre

souverainement ironique (*eironeia* veut dire *interrogation*); on
pourrait la définir comme une schizophrénie naissante, formée prudemment en quantité homéopathique : n'est-elle pas
un certain « détachement » appliqué par l'excès des mots
(toute écriture est emphatique) à la manie poisseuse de
souffrir[1]?

                                                                 1965

1. Préface à Chateaubriand. *Vie de Rancé*, Paris, Union générale
d'Éditions. 1965, collection 10 × 18.

Proust et les noms

On sait que la *Recherche du temps perdu* est l'histoire
d'une écriture. Cette histoire, il n'est peut-être pas inutile
de la rappeler pour mieux saisir comment elle s'est dénouée,
puisque ce dénouement figure ce qui, en définitive, permet
à l'écrivain d'écrire.

La naissance d'un livre que nous ne connaîtrons pas
mais dont l'annonce est le livre même de Proust, se joue
comme un drame, en trois actes. Le premier acte énonce
la volonté d'écrire : le jeune narrateur perçoit en lui cette
volonté à travers le plaisir érotique que lui procurent les
phrases de Bergotte et la joie qu'il ressent à décrire les
clochers de Martinville. Le deuxième acte, fort long puisqu'il occupe l'essentiel du *Temps perdu*, traite de l'impuissance à écrire. Cette impuissance s'articule en trois scènes,
ou, si l'on préfère, trois détresses : c'est d'abord Norpois
qui renvoie au jeune narrateur une image décourageante
de la littérature : image ridicule et qu'il n'aurait pourtant
même pas le talent d'accomplir; bien plus tard, une seconde
image vient le déprimer davantage : un passage retrouvé
du *Journal* des Goncourt, à la fois prestigieux et dérisoire,
lui confirme, par comparaison, son impuissance à transformer la sensation en notation; enfin, plus grave encore,
parce que portant sur sa sensibilité même et non plus
sur son talent, un dernier incident le dissuade définitivement
d'écrire : apercevant, du train qui le ramène à Paris après
une longue maladie, trois arbres dans la campagne, le

narrateur ne ressent qu'indifférence devant leur beauté; il conclut qu'il n'écrira jamais; tristement libéré de toute obligation envers un vœu qu'il est décidément incapable d'accomplir, il accepte de rentrer dans la frivolité du monde et de se rendre à une matinée de la duchesse de Guermantes. C'est ici que par un renversement proprement dramatique, parvenu au fond même du renoncement, le narrateur va retrouver, offert à sa portée, le pouvoir de l'écriture. Ce troisième acte occupe tout le *Temps retrouvé* et comprend lui aussi trois épisodes; le premier est fait de trois éblouissements successifs : ce sont trois réminiscences (Saint-Marc, les arbres du train, Balbec), surgies de trois menus incidents, lors de son arrivée à l'hôtel de Guermantes (les pavés inégaux de la cour, le bruit d'une petite cuiller, une serviette empesée que lui tend un valet); ces réminiscences sont des bonheurs, qu'il s'agit maintenant de comprendre, si l'on veut les conserver, ou du moins les rappeler à volonté : dans un deuxième épisode, qui forme l'essentiel de la théorie proustienne de la littérature, le narrateur s'emploie systématiquement à explorer les signes qu'il a reçus et à comprendre ainsi, d'un seul mouvement, le monde et le Livre, le Livre comme monde et le monde comme Livre. Un dernier suspens vient cependant retarder le pouvoir d'écrire : ouvrant les yeux sur des invités qu'il avait perdus de vue depuis longtemps, le narrateur perçoit avec stupeur qu'ils ont vieilli : le Temps, qui lui a rendu l'écriture, risque au même moment de la lui retirer : vivra-t-il assez pour écrire son œuvre? Oui, s'il consent à se retirer du monde, à perdre sa vie mondaine pour sauver sa vie d'écrivain.

L'histoire qui est racontée par le narrateur a donc tous les caractères dramatiques d'une initiation; il s'agit d'une véritable mystagogie, articulée en trois moments dialectiques : le désir (le mystagogue postule une révélation), l'échec (il assume les dangers, la nuit, le néant), l'assomption (c'est au comble de l'échec qu'il trouve la victoire). Or, pour écrire la *Recherche*, Proust a lui-même connu, dans sa vie, ce dessin initiatique; au désir très précoce d'écrire

(formé dès le lycée) a succédé une longue période, non
d'échecs sans doute, mais de tâtonnements, comme si l'œuvre véritable et unique se cherchait, s'abandonnait, se repre-
nait sans jamais se trouver; et comme celle du narrateur,
cette initiation négative, si l'on peut dire, s'est faite à
travers une certaine expérience de la littérature : les livres
des autres ont fasciné, puis déçu Proust, comme ceux
de Bergotte ou des Goncourt ont fasciné et déçu le narrateur; cette 'traversée de la littérature' (pour reprendre en
l'adaptant un mot de Philippe Sollers), si semblable au
trajet des initiations, empli de ténèbres et d'illusions, s'est
faite au moyen du pastiche (quel meilleur témoignage de
fascination et de démystification que le pastiche?), de
l'engouement éperdu (Ruskin) et de la contestation (Sainte-
Beuve). Proust s'approchait ainsi de la *Recherche* (dont,
comme on sait, certains fragments se trouvent déjà dans
le *Sainte-Beuve*), mais l'œuvre n'arrivait pas à 'prendre'.
Les unités principales étaient là (rapports de personnages[1],
épisodes cristallisateurs[2]), elles s'essayaient à diverses
combinaisons, comme dans un kaléidoscope, mais il man-
quait encore l'acte fédérateur qui devait permettre à Proust
d'écrire la *Recherche* sans désemparer, de 1909 à sa mort,
au prix d'une retraite dont on sait combien elle rappelle
celle du narrateur lui-même, à la fin du *Temps retrouvé*.

On ne cherche pas ici à expliquer l'œuvre de Proust
par sa vie; on traite seulement d'actes intérieurs au discours
lui-même (en conséquence, poétiques et non biographiques),
que ce discours soit celui du narrateur ou celui de Marcel
Proust. Or l'homologie qui, de toute évidence, règle les
deux discours, appelle un dénouement symétrique : il faut
qu'à la fondation de l'écriture par la réminiscence (chez
le narrateur) corresponde (chez Proust) quelque découverte

---

1. Par exemple : le visiteur intempestif des soirées de Combray, qui
sera Swann, l'amoureux de la petite bande, qui sera le narrateur.
2. Par exemple : la lecture matinale du *Figaro*, apporté au narrateur
par sa mère.

semblable, propre à fonder définitivement, dans sa continuité prochaine, toute l'écriture de la *Recherche*. Quel est donc l'accident, non point biographique, mais créateur, qui rassemble une œuvre déjà conçue, essayée, mais non point écrite ? Quel est le ciment nouveau qui va donner la grande unité syntagmatique à tant d'unités discontinues, éparses ? Qu'est-ce qui permet à Proust d'énoncer son œuvre ? En un mot, qu'est-ce que l'écrivain trouve, symétrique aux réminiscences que le narrateur avait explorées et exploitées lors de la matinée Guermantes ?

Les deux discours, celui du narrateur et celui de Marcel Proust, sont homologues, mais non point analogues. Le narrateur *va* écrire, et ce futur le maintient dans un ordre de l'existence, non de la parole; il est aux prises avec une psychologie, non avec une technique. Marcel Proust, au contraire, écrit; il lutte avec les catégories du langage, non avec celles du comportement. Appartenant au monde référentiel, la réminiscence ne peut être directement une unité du discours, et ce dont Proust a besoin, c'est d'un élément proprement poétique (au sens que Jakobson donne à ce mot); mais aussi il faut que ce trait linguistique, comme la réminiscence, ait le pouvoir de constituer l'essence des objets romanesques. Or il est une classe d'unités verbales qui possède au plus haut point ce pouvoir constitutif, c'est celle des noms propres. Le Nom propre dispose des trois propriétés que le narrateur reconnaît à la réminiscence : le pouvoir d'essentialisation (puisqu'il ne désigne qu'un seul référent), le pouvoir de citation (puisqu'on peut appeler à discrétion toute l'essence enfermée dans le nom, en le proférant), le pouvoir d'exploration (puisque l'on « déplie » un nom propre exactement comme on fait d'un souvenir) : le Nom propre est en quelque sorte la forme linguistique de la réminiscence. Aussi, l'événement (poétique) qui a « lancé » la *Recherche*, c'est la découverte des Noms; sans doute, dès le *Sainte-Beuve*, Proust disposait déjà de certains noms (*Combray, Guermantes*); mais c'est seulement entre 1907 et 1909, semble-t-il, qu'il a constitué dans son ensem-

ble le système onomastique de la *Recherche* : ce système
trouvé, l'œuvre s'est écrite immédiatement[1].

L'œuvre de Proust décrit un immense, un incessant
apprentissage[2]. Cet apprentissage connaît toujours deux
moments (en amour, en art, en snobisme) : une illusion
et une déception; de ces deux moments, naît la vérité,
c'est-à-dire l'écriture; mais entre le rêve et le réveil, avant
que la vérité surgisse, le narrateur proustien doit accomplir
une tâche ambiguë (car elle mène à la vérité à travers
bien des méprises), qui consiste à interroger éperdument
les signes : signes émis par l'œuvre d'art, par l'être aimé,
par le milieu fréquenté. Le Nom propre est lui aussi un
signe, et non bien entendu, un simple indice qui désignerait,
sans signifier, comme le veut la conception courante, de
Peirce à Russell. Comme signe, le Nom propre s'offre
à une exploration, à un déchiffrement : il est à la fois
un « milieu » (au sens biologique du terme), dans lequel
il faut se plonger, baignant indéfiniment dans toutes les
rêveries qu'il porte[3], et un objet précieux, comprimé, embau-
mé, qu'il faut ouvrir comme une fleur[4]. Autrement dit,
si le Nom (on appellera ainsi, désormais, le nom propre)
est un signe, c'est un signe volumineux, un signe toujours
gros d'une épaisseur touffue de sens, qu'aucun usage ne
vient réduire, aplatir, contrairement au nom commun, qui
ne livre jamais qu'un de ses sens par syntagme. Le Nom

1. Proust a donné lui-même sa théorie du nom propre à deux reprises :
dans le *Contre Sainte-Beuve* (chapitre xiv : *Noms de personnes*) et
dans *Du côté de chez Swann* (Tome II, 3ᵉ partie : *Noms de Pays* :
le Nom).
2. C'est la thèse de Gilles Deleuze dans son livre remarquable :
Proust et les Signes (Paris, P.U.F.).
3. « ... Ne pensant pas aux noms comme à un idéal inaccessible,
mais comme à une ambiance réelle dans laquelle j'irais me plonger »
(*Du côté de chez Swann*, Paris, Gallimard, 1929, in-8, tome II, p.
236).
4. « ... Dégager délicatement des bandelettes de l'habitude et revoir
dans sa fraîcheur première ce nom de Guermantes ... » (*Contre Sainte-
Beuve*, Paris, Gallimard, 1954, p. 316).

proustien est à lui seul et dans tous les cas l'équivalent
d'une rubrique entière de dictionnaire : le nom de *Guerman-*
tes couvre immédiatement tout ce que le souvenir, l'usage,
la culture peuvent mettre en lui; il ne connaît aucune
restriction sélective, le syntagme dans lequel il est placé
lui est indifférent; c'est donc, d'une certaine manière, une
monstruosité sémantique, car, pourvu de tous les caractères
du nom commun, il peut cependant exister et fonctionner
hors de toute règle projective. C'est là le prix – ou la
rançon – du phénomène d'«hypersémanticité» dont il est
le siège[1], et qui l'apparente, bien entendu, de très près,
au mot poétique.

Par son épaisseur sémantique (on voudrait presque pouvoir dire : par son «feuilleté»), le Nom proustien s'offre
à une véritable analyse sémique, que le narrateur lui-même
ne manque ni de postuler ni d'esquisser : ce qu'il appelle
les différentes ' figures ' du Nom[2], sont de véritables sèmes,
doués d'une parfaite validité sémantique, en dépit de leur
caractère imaginaire (ce qui prouve une fois de plus combien
il est nécessaire de distinguer le signifié du référent). Le
nom de *Guermantes* contient ainsi plusieurs *primitifs* (pour
reprendre un mot de Leibniz) : «*un donjon sans épaisseur*
qui n'était qu'une bande de lumière orangée et du haut
duquel le seigneur et sa dame décidaient de la vie ou
de la mort de leurs vassaux»; «*une tour jaunissante et*
fleuronnée qui traverse les âges»; l'hôtel parisien des
Guermantes, «*limpide comme son nom*»: un château féodal
en plein Paris, etc. Ces sèmes sont, bien entendu, des
«images», mais dans la langue supérieure de la littérature,
elles n'en sont pas moins de purs signifiés, offerts comme
ceux de la langue dénotante à toute une systématique

1. Cf. U. Weinreich, «On the Semantic Structure of Language»,
dans J.H. Greenberg, *Universals of Language* (Cambridge, Mass., The
M.I.T. Press, 1963; 2ᵉ éd. 1966), p. 147.

2. «Mais plus tard, je trouve successivement dans la durée en moi
de ce même nom, sept ou huit figures différentes...» (*le Côté de Guerman-*
tes, édition citée, I, p. 14).

du sens. Certaines de ces images sémiques sont traditionnelles, culturelles : *Parme* ne désigne pas une ville d'Émilie,
située sur le Pô, fondée par les Étrusques, grosse de 138 000
habitants; le véritable signifié de ces deux syllabes est
composé de deux sèmes : la douceur stendhalienne et le
reflet des violettes[1]. D'autres sont individuelles, mémoriel-
les : *Balbec* a pour sèmes deux mots dits autrefois au
narrateur, l'un par Legrandin (Balbec est un lieu de tempê-
tes, en fin de terre), l'autre par Swann (son église est
du gothique normand, à moitié roman), en sorte que le
nom a toujours deux sens simultanés : « architecture gothique et tempête sur la mer[2] ». Chaque nom a ainsi son
spectre sémique, variable dans le temps, selon la chronologie
de son lecteur, qui ajoute ou retranche de ses éléments,
exactement comme fait la langue dans sa diachronie. Le
Nom est en effet *catalysable*; on peut le remplir, le dilater,
combler les interstices de son armature sémique d'une
infinité de rajouts. Cette dilatation sémique du nom propre
peut être définie d'une autre façon : chaque nom contient
plusieurs « scènes » surgies d'abord d'une manière discontinue, erratique, mais qui ne demandent qu'à se fédérer
et à former de la sorte un petit récit, car raconter, ce
n'est jamais que lier entre elles, par procès métonymique,
un nombre réduit d'unités pleines : *Balbec* récèle ainsi non
seulement plusieurs scènes, mais encore le mouvement qui
peut les rassembler dans un même syntagme narratif, car
ses syllabes hétéroclites étaient sans doute nées d'une
manière désuète de prononcer, « *que je ne doutais pas de
retrouver jusque chez l'aubergiste qui me servirait du café
au lait à mon arrivée, me menant voir la mer déchaînée
devant l'église et auquel je prêtais l'aspect disputeur, solen-
nel et médiéval d'un personnage de fabliau[3]* ». C'est parce
que le Nom propre s'offre à une catalyse d'une richesse

1. *Du côté de chez Swann*, édition citée, II, p. 234.
2. *Ibid.*, p. 230.
3. *Ibid.*, p. 234.

infinie, qu'il est possible de dire que, poétiquement, toute
la *Recherche* est sortie de quelques noms[1].

Encore faut-il bien les choisir – ou les trouver. C'est
ici qu'apparaît, dans la théorie proustienne du Nom, l'un
des problèmes majeurs, sinon de la linguistique, du moins
de la sémiologie : la motivation du signe. Sans doute ce
problème est-il ici quelque peu artificiel, puisqu'il ne se
pose en fait qu'au romancier, qui a la liberté (mais aussi
le devoir) de créer des noms propres à la fois inédits
et « exacts »; mais à la vérité, le narrateur et le romancier
parcourent en sens inverse le même trajet; l'un croit déchiffrer dans les noms qui lui sont donnés une sorte d'affinité
naturelle entre le signifiant et le signifié, entre la couleur
vocalique de *Parme* et la douceur mauve de son contenu;
l'autre, devant inventer quelque lieu à la fois normand,
gothique et venteux, doit chercher dans la tablature générale
des phonèmes, quelques sons accordés à la combinaison
de ces signifiés; l'un décode, l'autre code, mais il s'agit
du même système et ce système est d'une façon ou d'une
autre une système motivé, fondé sur un rapport d'*imitation*
entre le signifiant et le signifié. Codeur et décodeur pourraient reprendre ici à leur compte l'affirmation de Cratyle :
« *La propriété du nom consiste à représenter la chose
telle qu'elle est.* » Aux yeux de Proust, qui ne fait que
théoriser l'art général du romancier, le nom propre est
une simulation ou, comme disait Platon (il est vrai avec
défiance), une « fantasmagorie ».

Les motivations alléguées par Proust sont de deux sortes,
naturelles et culturelles. Les premières relèvent de la phonétique symbolique[2]. Ce n'est pas le lieu de reprendre le
débat de cette question (connue autrefois sous le nom
d'*harmonie imitative*), où l'on retrouverait, entre autres, les

---

1. « C'était. ce Guermantes. comme le cadre d'un roman » (*le Côté de
Guermantes*. édition citée. I. p. 15).
2. Weinreich (*op. cit.*) a noté que le symbolisme phonétique relève de
l'hypersémanticité du signe.

noms de Platon, Leibniz, Diderot et Jakobson[1]. On rappel-
lera seulement ce texte de Proust, moins célèbre mais
peut-être aussi pertinent que le Sonnet des Voyelles :
« ...*Bayeux, si haute dans sa noble dentelle rougeâtre et
dont le faîte est illuminé par le vieil or de sa dernière
syllable; Vitré, dont l'accent aigu losangeait de bois noir
le vitrage ancien; le doux Lamballe qui, dans son blanc,
va du jaune coquille d'œuf au gris perle, Coutances, cathé-
drale normande, que sa diphtongue finale, grasse et jaunissante, couronné par une tour de beurre* », etc.[2]. Les exemples
de Proust, par leur liberté et leur richesse (il ne s'agit
plus ici d'attribuer à l'opposition *i/o* le contraste traditionnel
du *petit/gros* ou de l'*aigu/rond*, comme on le fait d'ordinaire : c'est toute une gamme de signes phoniques qui est
décrite par Proust), ces exemples montrent bien que d'ordinaire la motivation phonétique ne se fait pas directement :
le décrypteur intercale entre le son et le sens un concept
intermédiaire, mi-matériel, mi-abstrait, qui fonctionne
comme une clef et opère le passage, en quelque sorte
démultiplié, du signifiant au signifié : si *Balbec* signifie
affinitairement un complexe de vague aux crêtes hautes,
de falaises escarpées et d'architecture hérissée, c'est parce
que l'on dispose d'un relai conceptuel, celui du *rugueux*,
qui vaut pour le toucher, l'ouïe, la vue. Autrement dit,
la motivation phonétique exige une nomination intérieure :
la langue rentre subrepticement dans une relation que l'on
postulait – mythiquement – comme immédiate : la plupart
des motivations apparentes reposent ainsi sur des métaphores si traditionnelles (le *rugueux* appliqué au son) qu'elles
ne sont plus senties comme telles, ayant passé tout entières
du côté de la dénotation; il n'empêche que la motivation
se détermine au prix d'une ancienne anomalie sémantique,

---

1. Platon. *Cratyle*; Leibniz, *Nouveaux Essais* (III, 2); Diderot, *Lettre sur les sourds et muets*; R. Jakobson, *Essais de linguistique générale*.
2. *Du côté de chez Swann*, édition citée, II, p. 234. On remarquera que la motivation alléguée par Proust n'est pas seulement phonétique, mais aussi, parfois, graphique.

ou, si l'on préfère, d'une ancienne transgression. Car c'est
évidemment à la métaphore qu'il faut rattacher les phénomènes de phonétisme symbolique, et il ne servirait à rien
d'étudier l'un sans l'autre. Proust fournirait un bon matériel
à cette étude combinée : ses motivations phonétiques impliquent presque toutes (sauf peut-être pour *Balbec*) une
équivalence entre le son et la couleur : *ieu* est vieil or,
é est noir, *an* est jaunissant, blond est doré (dans *Coutances*
et *Guermantes*), *i* est pourpre[1]. C'est là une tendance évidemment générale : il s'agit de faire passer du côté du
son des traits appartenant à la vue (et plus particulièrement
à la couleur, en raison de sa nature à la fois vibratoire
et modulante), c'est-à-dire, en somme, de neutraliser l'opposition de quelques classes virtuelles, issues de la séparation
des sens (mais cette séparation est-elle historique ou anthro-
pologique? De quand datent et d'où viennent nos « cinq
sens »? Une étude renouvelée de la métaphore devrait désormais passer, semble-t-il, par l'inventaire des classes nomina-
les attestées par la linguistique générale). En somme, si
la motivation phonétique implique un procès métaphorique,
et par conséquent une transgression, cette transgression
se fait en des points de passage éprouvés, comme la couleur : c'est pour cela, sans doute, que les motivations avan-
cées par Proust, tout en étant très développées, apparaissent
« justes ».

Reste un autre type de motivations, plus « culturelles »,
et en cela analogues à celles que l'on trouve dans la
langue : ce type règle en effet à la fois l'invention des
néologismes, alignés sur un modèle morphématique, et celle
des noms propres, « inspirés », eux, d'un modèle phonétique.
Lorsqu'un écrivain invente un nom propre, il est en effet
tenu aux mêmes règles de motivation que le législateur
platonicien lorsqu'il veut créer un nom commun; il doit,

1. « La couleur de Sylvie, c'est une couleur pourpre, d'un rose pourpre
en velours pourpre ou violacé... Et ce nom lui-même, pourpre de ses
deux I - Sylvie, la vraie Fille du Feu » (*Contre Sainte-Beuve*, édition
citée, p. 195).

d'une certaine façon, « copier » la chose, et comme c'est évidemment impossible, du moins copier la façon dont la langue elle-même a créé certains de ses noms. L'égalité du nom propre et du nom commun devant la création est bien illustrée par un cas extrême : celui où l'écrivain fait semblant d'user de mots courants qu'il invente cependant de toutes pièces : c'est le cas de Joyce et de Michaux ; dans le *Voyage en Grande Garabagne*, un mot comme *arpette* n'a – et pour cause – aucun sens mais n'en est pas moins empli d'une signification diffuse, en raison non seulement de son contexte, mais aussi de sa sujétion à un modèle phonique très courant en français[1]. Il en est ainsi des noms proustiens. Que *Laumes, Argencourt, Villeparisis, Combray* ou *Doncières* existent ou n'existent pas, ils n'en présentent pas moins (et c'est cela qui importe) ce qu'on a pu appeler une « plausibilité francophonique » : leur véritable signifié est : *France* ou, mieux encore, la « francité » ; leur phonétisme, et au moins à titre égal leur graphisme, sont élaborés en conformité avec des sons et des groupes de lettres attachés spécifiquement à la toponymie française (et même, plus précisément, francienne) : c'est la culture (celle des Français) qui impose au Nom une motivation naturelle : ce qui est imité n'est certes pas dans la nature, mais dans l'histoire, une histoire cependant si ancienne qu'elle constitue le langage qui en est issu en véritable nature, source de modèles et de raisons. Le nom propre, et singulièrement le nom proustien, a donc une signification commune : il signifie au moins la nationalité et toutes les images qui peuvent s'y associer. Il peut même renvoyer à des signifiés plus particuliers, comme la province (non point en tant que région, mais en tant que milieu), chez Balzac, ou comme la classe sociale, chez Proust : non certes par la particule anoblissante, moyen

1. Ces mots inventés ont été bien analysés, d'un point de vue linguistique, par Delphine Perret, dans sa thèse de 3ᵉ cycle : *Étude de la langue littéraire d'après le Voyage en Grande Garabagne d'Henri Michaux* (Paris, Sorbonne, 1965-1966).

grossier, mais par l'institution d'un large système onomastique, articulé sur l'opposition de l'aristocratie et de la roture
d'une part, et sur celle des longues à finales muettes (finales
pourvues en quelque sorte d'une longue traîne) et des
brèves abruptes d'autre part : d'un côté le paradigme des
Guermantes, Laumes, Agrigente, de l'autre celui des Verdurin, Morel, Jupien, Legrandin, Sazerat, Cottard, Brichot,
etc.[1].

L'onomastique proustienne paraît à ce point organisée
qu'elle semble bien constituer le départ définitif de la *Recherche* : tenir le système des noms, c'était pour Proust,
et c'est pour nous, tenir les significations essentielles du
livre, l'armature de ses signes, sa syntaxe profonde. On
voit donc que le nom proustien dispose pleinement des
deux grandes dimensions du signe : d'une part il peut
être lu tout seul, « en soi », comme une totalité de significations (*Guermantes* contient plusieurs figures), bref comme
une essence (une « entité originelle », dit Proust), ou si
l'on préfère, une absence, puisque le signe désigne ce qui
n'est pas là[2]; et d'autre part, il entretient avec ses congénères
des rapports métonymiques, fonde le Récit : *Swann* et
Guermantes ne sont pas seulement deux routes, deux côtés,
ce sont aussi deux phonétismes, comme *Verdurin* et *Laumes*.
Si le nom propre a chez Proust cette fonction œcuménique,
résumant en somme tout le langage, c'est que sa structure
coïncide avec celle de l'œuvre même : s'avancer peu à
peu dans les significations du nom (comme ne cesse de
le faire le narrateur), c'est s'initier au monde, c'est apprendre

1. Il s'agit, bien entendu, d'une tendance, non d'une loi. D'autre
part, on entend ici *longues* et *brèves*, sans rigueur phonétique, mais
plutôt comme une impression courante, fondée d'ailleurs en grande
partie sur le graphisme, les Français étant habitués par leur culture
scolaire, essentiellement écrite, à percevoir une opposition tyrannique
entre les rimes masculines et les rimes féminines, senties les unes
comme brèves, les autres comme longues.

2. « On ne peut imaginer que ce qui est absent » (*le Temps retrouvé*,
Paris, Gallimard, III, p. 872). – Rappelons encore que pour Proust,
imaginer, c'est déplier un signe.

à déchiffrer ses essences : les signes du monde (de l'amour,
de la mondanité) sont faits des mêmes étapes que ses
noms; entre la chose et son apparence se développe le
rêve, tout comme entre le référent et son signifiant s'inter-
pose le signifié : le nom n'est rien, si par malheur on
l'articule directement sur son référent (qu'est, *en réalité*,
la duchesse de Guermantes?), c'est-à-dire si l'on manque
en lui sa nature de signe. Le signifié, voilà la place de
l'imaginaire : c'est là, sans doute, la pensée nouvelle de
Proust, ce pour quoi il a déplacé, historiquement, le vieux
problème du réalisme, qui ne se posait guère, jusqu'à lui,
qu'en termes de référents : l'écrivain travaille, non sur le
rapport de la chose et de sa forme (ce qu'on appelait,
aux temps classiques, sa « peinture », et plus récemment,
son « expression »), mais sur le rapport du signifié et du
signifiant, c'est-à-dire sur un signe. C'est ce rapport dont
Proust ne cesse de donner la théorie linguistique dans
ses réflexions sur le Nom et dans les discussions étymologi-
ques qu'il confie à Brichot et qui n'auraient guère de
sens si l'écrivain ne leur confiait une fonction emblématique[1].

Ces quelques remarques ne sont pas seulement
guidées par le souci de rappeler, après Claude Lévi-Strauss,
le caractère signifiant, et non pas indiciel, du nom propre[2].
On voudrait aussi insister sur le caractère cratyléen du
nom (et du signe) chez Proust : non seulement parce que
Proust voit le rapport du signifiant et du signifié comme
un rapport motivé, l'un copiant l'autre et reproduisant
dans sa forme matérielle l'essence signifiée de la chose
(et non la chose elle-même), mais aussi parce que, pour
Proust comme pour Cratyle, « la vertu des noms est d'ensei-
gner[3] » : il y a une propédeutique des noms, qui conduit,
par des chemins souvent longs, variés, détournés, à l'essence

1. *Sodome et Gomorrhe*, II, chap. II.
2. *La Pensée sauvage* (Paris, Plon, 1952), p. 285.
3. Platon, *Cratyle*, 435 d.

des choses. C'est pour cela que personne n'est plus proche du Législateur cratyléen, fondateur des noms (*demiourgos onomatôn*), que l'écrivain proustien, non parce qu'il est libre d'inventer les noms qu'il lui plaît, mais parce qu'il est tenu de les inventer « droit ». Ce réalisme (au sens scolastique du terme), qui veut que les noms soient le « reflet » des idées, a pris chez Proust une forme radicale, mais on peut se demander s'il n'est pas plus ou moins consciemment présent dans tout acte d'écriture et s'il est vraiment possible d'être écrivain sans croire, d'une certaine manière, au rapport naturel des noms et des essences : la fonction poétique, au sens le plus large du terme, se définirait ainsi par une conscience cratyléenne des signes et l'écrivain serait le récitant de ce grand mythe séculaire qui veut que le langage imite les idées et que, contrairement aux précisions de la science linguistique, les signes soient motivés. Cette considération devrait incliner encore davantage le critique à lire la littérature dans la perspective mythique qui fonde son langage, et à déchiffrer le mot littéraire (qui n'est en rien le mot courant), non comme le dictionnaire l'explicite, mais comme l'écrivain le construit[1].

1967

1. Texte écrit en hommage à R. Jakobson et paru dans : *To honour Roman Jakobson*, essays on the occasion of his seventieth birthday, Mouton, La Haye, 1967.

Flaubert et la phrase

Bien avant Flaubert, l'écrivain a ressenti – et exprimé – le dur travail du style, la fatigue des corrections incessantes, la triste nécessité d'horaires démesurés pour aboutir à un rendement infime[1]. Pourtant chez Flaubert, la dimension de cette peine est tout autre; le travail du style est chez lui une souffrance indicible (même s'il la dit souvent), quasi expiatoire, à laquelle il ne reconnaît aucune compensation d'ordre magique (c'est-à-dire aléatoire), comme pouvait l'être chez bien des écrivains le sentiment de l'inspiration : le style, pour Flaubert, c'est la douleur absolue, la douleur infinie, la douleur inutile. La rédaction est démesurément lente (« *quatre pages dans la semaine* », « *cinq jours pour une page* », « *deux jours pour la recherche de deux lignes*[2] »); elle exige un « irrévocable adieu à la vie[3] », une séquestration impitoyable; on notera à ce propos que la séquestration de Flaubert se fait uniquement au profit du style, tandis que celle de Proust, également célèbre,

---

1. Voici quelques exemples, empruntés au livre d'Antoine Albalat, *le Travail du style, enseigné par les corrections manuscrites des grands écrivains* (Paris, 1903) : Pascal a rédigé 13 fois la XVIIIᵉ Provinciale; Rousseau a travaillé l'*Emile* pendant 3 ans; Buffon travaillait plus de 10 heures par jour; Chateaubriand pouvait passer de 12 à 15 heures de suite à raturer, etc.

2. Les citations de Flaubert sont empruntées aux extraits de sa correspondance rassemblés par Geneviève Bollème sous le titre : *Préface à la vie d'écrivain* (Paris, 1963). Ici : p. 99 (1852); p. 100 (1852) et p. 121 (1853).

3. *Op. cit.*, p. 32 (1845).

a pour objet une récupération totale de l'œuvre : Proust
s'enferme parce qu'il a beaucoup à dire et qu'il est pressé
par la mort, Flaubert parce qu'il a infiniment à corriger;
l'un et l'autre enfermés, Proust ajoute sans fin (ses fameuses
« paperolles »), Flaubert retire, rature, revient sans cesse
à zéro, recommence. La séquestration flaubertienne a pour
centre (et pour symbole) un meuble qui n'est pas la table
de travail, mais le lit de repos : lorsque le fond de la
peine est atteint, Flaubert se jette sur son sofa[1] : c'est
la « marinade », situation d'ailleurs ambiguë, car le signe
de l'échec est aussi le lieu du fantasme, d'où le travail
va peu à peu reprendre, donnant à Flaubert une nouvelle
matière qu'il pourra de nouveau raturer. Ce circuit sisyphéen
est appelé par Flaubert d'un mot très fort : c'est l'*atroce*[2],
seule récompense qu'il reçoive pour le sacrifice de sa vie[3].

Le style engage donc visiblement toute l'existence de
l'écrivain, et pour cette raison il vaudrait mieux l'appeler
désormais une écriture : écrire c'est vivre (« *Un livre a
toujours été pour moi, dit Flaubert, une manière spéciale
de vivre*[4] »), l'écriture est la fin même de l'œuvre, non
sa publication[5]. Cette précellence, attestée – ou payée –
par le sacrifice même d'une vie, modifie quelque peu les
conceptions traditionnelles du bien-écrire, donné ordinairement comme le vêtement dernier (l'ornement) des idées
ou des passions. C'est d'abord, aux yeux de Flaubert l'oppo-

1. « Quelquefois quand je me trouve vide, quand l'expression se
refuse, quand après avoir griffonné de longues pages, je découvre n'avoir
pas fait une phrase, je tombe sur mon divan et j'y reste hébété
dans un marais intérieur d'ennui » (1852, *op. cit.*, p. 69).
2. « On n'arrive au style qu'avec un labeur atroce, avec une opiniâtreté
fanatique et dévouée » (1846, *op. cit.*, p. 39).
3. « J'ai passé ma vie à priver mon cœur des pâtures les plus
légitimes. J'ai mené une existence laborieuse et austère. Eh bien! je
n'en peux plus! je me sens à bout » (1875, *op. cit.*, p. 265).
4. *Op. cit.*, p. 207 (1859).
5. « ... Je ne veux rien publier ... je travaille avec un désintéressement
absolu et sans arrière-pensée, sans préoccupation extérieure... » (1846,
op. cit., p. 40).

sition même du fond et de la forme qui disparaît[1] : écrire
et penser ne font qu'un, l'écriture est un être total. C'est
ensuite, si l'on peut dire, la réversion des mérites de la
poésie sur la prose : la poésie tend à la prose le miroir
de ses contraintes, l'image d'un code serré, sûr : ce modèle
exerce sur Flaubert une fascination ambiguë, puisque la
prose doit à la fois rejoindre le vers et le dépasser, l'égaler
et l'absorber. C'est enfin la distribution très particulière
des tâches techniques assignées par l'élaboration d'un
roman; la rhétorique classique mettait au premier plan
les problèmes de la *dispositio*, ou ordre des parties du
discours (qu'il ne faut pas confondre avec la *compositio*,
ou ordre des éléments intérieurs à la phrase); Flaubert
semble s'en désintéresser; il ne néglige pas les tâches propres
à la narration[2], mais ces tâches, visiblement, n'ont qu'un
lien lâche avec son projet essentiel : composer son ouvrage
ou tel de ses épisodes, ce n'est pas « atroce », mais simplement « fastidieux[3] ».

Comme odyssée, l'écriture flaubertienne (on voudrait pouvoir donner ici à ce mot un sens pleinement actif) se
restreint donc à ce qu'on appelle communément les corrections du style. Ces corrections ne sont nullement des accidents rhétoriques; elles touchent au premier code, celui
de la langue, elles engagent l'écrivain à vivre la structure
du langage comme une passion. Il faut ici amorcer d'un
mot ce que l'on pourrait appeler une linguistique (et non

1. « Pour moi, tant qu'on ne m'aura pas, d'une phrase donnée, séparé
la forme du fond, je soutiendrai que ce sont là deux mots vides
de sens » (1846, *op. cit.*. p. 40).
2. Voir notamment (*op. cit.*, p. 129) le décompte des pages consacrées
aux différents épisodes de *Madame Bovary :* « J'ai déjà 260 pages
et qui ne contiennent que des préparations d'action, des expositions
plus ou moins déguisées de caractères (il est vrai·qu'elles sont graduées),
de paysages, de lieux... »
3. « J'ai à faire une narration; or le récit est une chose qui m'est
très fastidieuse. Il faut que je mette mon héroïne dans un bal » (1852,
op. cit., p. 72).

une stylistique) des corrections, un peu symétrique à ce que Henri Frei a appelé la grammaire des fautes.

Les retouches que les écrivains apportent à leurs manuscrits se laissent aisément classer selon les deux axes du papier sur lequel ils écrivent; sur l'axe vertical sont portées les substitutions de mots (ce sont les « ratures » ou « hésitations »); sur l'axe horizontal, les suppressions ou ajouts de syntagmes (ce sont les « refontes »). Or les axes du papier ne sont rien d'autre que les axes du langage. Les premières corrections sont substitutives, métaphoriques, elles visent à remplacer le signe initialement inscrit par un autre signe prélevé dans un paradigme d'éléments affinitaires et différents; ces corrections peuvent donc porter sur des monèmes (Hugo substituant *pudique* à *charmant* dans « *L'Éden charmant et nu s'éveillait* ») ou sur les phonèmes, lorsqu'il s'agit de prohiber des assonances (que la prose classique ne tolère pas) ou des homophonies trop insistantes, réputées ridicules (*Après cet essai fait : cétécéfé*). Les secondes corrections (correspondant à l'ordre horizontal de la page) sont associatives, métonymiques; elles affectent la chaîne syntagmatique du message, en modifiant, par diminution ou par accroissement, son volume, conformément à deux modèles rhétoriques : l'ellipse et la catalyse.

L'écrivain dispose en somme de trois types principaux de corrections : substitutives, diminutives et augmentatives : il peut travailler par permutation, censure ou expansion. Or ces trois types n'ont pas tout à fait le même statut, et d'ailleurs ils n'ont pas eu la même fortune. La substitution et l'ellipse portent sur des ensembles bornés. Le paradigme est clos par les contraintes de la distribution (qui obligent en principe à ne permuter que des termes de même classe) et par celles du sens, qui demandent d'échanger des termes affinitaires[1]. De même qu'on ne peut remplacer un signe

---

1. Il ne faut pas limiter l'affinité à un rapport purement analogique et ce serait une erreur de croire que les écrivains permutent uniquement des termes synonymiques; un écrivain classique comme Bossuet peut substituer *rire* à *pleurer* : la relation antonymique fait partie de l'affinité.

par n'importe quel autre signe, on ne peut non plus réduire une phrase à l'infini; la correction diminutive (l'ellipse) vient buter, à un certain moment, contre la cellule irréductible de toute phrase, le groupe sujet-prédicat (il va de soi que *pratiquement* les limites de l'ellipse sont atteintes souvent bien plus tôt, en raison de diverses contraintes culturelles, comme l'eurythmie, la symétrie, etc.) : l'ellipse est limitée par la structure du langage. Cette même structure permet au contraire de donner libre cours, sans limite, aux corrections augmentatives; d'un côté les parties du discours peuvent être indéfiniment multipliées (ne serait-ce que par la digression), et de l'autre (c'est surtout ce qui nous intéresse ici), la phrase peut être pourvue à l'infini d'incises et d'expansion[1] : le travail catalytique est théoriquement infini; même si la structure de la phrase est en fait réglée et limitée par des modèles littéraires (à la façon du mètre poétique) ou par des contraintes physiques (les limites de la mémoire humaine, d'ailleurs relatives puisque la littérature classique admet la *période*, à peu près inconnue de la parole courante), il n'en reste pas moins que l'écrivain, affronté à la phrase, éprouve la liberté infinie de la parole, telle qu'elle est inscrite dans la structure même du langage. Il s'agit donc d'un problème de liberté, et il faut noter que les trois types de corrections dont on vient de parler n'ont pas eu la même fortune; selon l'idéal classique du style, l'écrivain est requis de travailler sans relâche ses substitutions et ses ellipses, en vertu des mythes corrélatifs du « mot exact » et de la « concision », tous deux garants de la « clarté[2] », tandis qu'on le détourne de tout travail d'expansion; dans les manuscrits classiques,

1. Sur l'expansion, voir André Martinet, *Éléments de linguistique générale*. Paris. 1960. 3e partie du chapitre IV.
2. C'est un paradoxe classique – qu'il faudrait à mon sens explorer que la clarté soit donnée comme le produit naturel de la concision (voir le mot de Mme Necker, in F. Brunot, *Histoire de la langue française* [Paris, 1905-1953], t. VI, 2e partie, fascicule 2, p. 1967 : « Il faut préférer toujours la phrase la plus courte quand elle est aussi claire, *car elle le devient nécessairement davantage* »).

permutations et ratures abondent, mais on ne trouve guère
de corrections augmentatives que chez Rousseau, et surtout
chez Stendhal, dont on connaît l'attitude frondeuse à l'égard
du « beau style ».

Il est temps de revenir à Flaubert. Les corrections qu'il
a apportées à ses manuscrits sont sans doute variées,
mais si l'on s'en tient à ce qu'il a déclaré et commenté
lui-même, l'« atroce » du style se concentre en deux points,
qui sont les deux croix de l'écrivain. La première croix,
ce sont les répétitions de mots; il s'agit en fait d'une
correction substitutive, puisque c'est la forme (phonique)
du mot dont il faut éviter le retour trop rapproché, tout
en gardant le contenu; comme on l'a dit, les possibilités
de la correction sont ici limitées, ce qui devait alléger
d'autant la responsabilité de l'écrivain; Flaubert, cependant,
parvient à introduire ici le vertige d'une correction infinie :
le difficile, pour lui, n'est pas la correction elle-même
(effectivement limitée), mais le repérage du lieu où elle
est nécessaire : des répétitions apparaissent, que l'on n'avait
pas vues la veille, en sorte que rien ne peut garantir
que le lendemain de nouvelles « fautes » ne pourront être
découvertes[1]; il se développe ainsi une insécurité anxieuse,
car il semble toujours possible d'*entendre* de nouvelles
répétitions[2] : le texte, même lorsqu'il a été méticuleusement
travaillé, est en quelque sorte *miné* de risques de répétition :
limitée et par conséquent rassurée dans son acte, la substitution redevient libre et par conséquent angoissante par l'infini
de ses emplacements possibles : le paradigme est certes
fermé, mais comme il joue à chaque unité significative,
le voilà ressaisi par l'infini du syntagme. La seconde croix

1. A propos de trois pages de *Madame Bovary* (1853) : « J'y découvri-
rai sans doute mille répétitions de mots qu'il faudra ôter. A l'heure
qu'il est, j'en vois peu » (*op. cit.*, p. 127).
2. Cette audition d'un langage dans le langage (fût-il fautif) rappelle
une autre audition, tout aussi vertigineuse : celle qui faisait entendre
à Saussure dans la plupart des vers de la poésie grecque, latine et
védique un second message, anagrammatique.

de l'écriture flaubertienne, ce sont les transitions (ou articulations) du discours[1]. Comme on peut s'y attendre d'un écrivain qui a continûment absorbé le contenu dans la forme – ou plus exactement contesté cette antinomie même – l'enchaînement des idées n'est pas ressenti directement comme une contrainte logique mais doit se définir en termes de signifiant; ce qu'il s'agit d'obtenir, c'est la fluidité, le rythme optimal du cours de la parole, le « *suivi* », en un mot, ce *flumen orationis* réclamé déjà par les rhétoriciens classiques. Flaubert retrouve ici le problème des corrections syntagmatiques : le bon syntagme est un équilibre entre des forces excessives de constriction et de dilatation; mais alors que l'ellipse est normalement limitée par la structure même de l'unité phrastique, Flaubert y introduit de nouveau une liberté infinie : une fois acquise, il la retourne et l'oriente de nouveau vers une nouvelle expansion : il s'agit sans cesse de « dévisser » ce qui est trop serré : l'ellipse, dans un second temps, retrouve le vertige de l'expansion[2].

Car il s'agit bien d'un vertige : la correction est infinie, elle n'a pas de sanction sûre. Les protocoles correctifs sont parfaitement systématiques – et en cela ils pourraient être rassurants – mais leurs points d'application étant sans terme, nul apaisement n'est possible[3] : ce sont des ensembles à la fois structurés et flottants. Cependant, ce vertige n'a pas pour motif l'infini du discours, champ traditionnel de la rhétorique; il est lié à un objet linguistique, certes connu de

1. « Ce qui est atroce de difficulté, c'est l'enchaînement des idées, et qu'elles dérivent bien naturellement les unes des autres » (1852, *op. cit.*, p. 78). – « ...Et puis les transitions, le *suivi*, quel empêtrement! » (1853, *op. cit.*, p. 157).

2. « Chaque paragraphe est bon en soi, et il y a des pages, j'en suis sûr, parfaites. Mais précisément, à cause de cela, *ça ne marche pas*. C'est une série de paragraphes tournés, arrêtés et qui ne dévalent pas les uns sur les autres. Il va falloir les dévisser, lâcher les joints » (1853, *op. cit.*, p. 101).

3. « J'ai fini par laisser là les corrections; je n'y comprenais plus rien; à force de s'appesantir sur un travail, il vous éblouit; ce qui semble être une faute maintenant, cinq minutes après ne le semble plus » (1853, *op. cit.*, p. 133).

la rhétorique, du moins à partir du moment où, avec Denys d'Halicarnasse et l'Anonyme du *Traité du Sublime*, elle a découvert le « style », mais auquel Flaubert a donné une existence technique et métaphysique d'une force inégalable, et qui est la phrase.

Pour Flaubert, la phrase est à la fois une unité de style, une unité de travail et une unité de vie, elle attire l'essentiel de ses confidences sur son travail d'écrivain[1]. Si l'on veut bien débarrasser l'expression de toute portée métaphorique, on peut dire que Flaubert a passé sa vie à « faire des phrases »; la phrase est en quelque sorte le double réfléchi de l'œuvre, c'est au niveau de la fabrication des phrases que l'écrivain a fait l'histoire de cette œuvre : l'odyssée de la phrase est le roman des romans de Flaubert. La phrase devient ainsi, dans notre littérature, un objet nouveau : non seulement en droit, par les nombreuses déclarations de Flaubert à ce sujet, mais aussi en fait : une phrase de Flaubert est immédiatement identifiable, non point par son « air », sa « couleur » ou tel tour habituel à l'écrivain – ce que l'on pourrait dire de n'importe quel auteur – mais parce qu'elle se donne toujours comme un objet séparé, fini, l'on pourrait presque dire transportable, bien qu'elle ne rejoigne jamais le modèle aphoristique, car son unité ne tient pas à la clôture de son contenu, mais au projet évident qui l'a fondée comme un objet : la phrase de Flaubert est une *chose*.

---

2. « Que je crève comme un chien, plutôt que de hâter d'une seconde ma phrase qui n'est pas mûre » (1852, *op. cit.*, p. 78). – « Je veux seulement écrire encore trois pages de plus... et trouver quatre ou cinq phrases que je cherche depuis bientôt un mois » (1853, *op. cit.*, p. 116). – « Mon travail va bien lentement; j'éprouve quelquefois des tortures véritables pour écrire la phrase la plus simple » (1852, *op. cit.*, p. 93). – « Je ne m'arrête plus, car même en nageant, je roule mes phrases, malgré moi » (1876, *op. cit.*, p. 274). – Et ceci, surtout. qui pourrait servir d'épigraphe à ce que l'on vient de dire de la phrase chez Flaubert : « Je vais donc reprendre ma pauvre vie si plate et tranquille, où les phrases sont des aventures... » (1857, *op. cit.*, p. 186).

On l'a vu à propos des corrections de Flaubert, cette chose a une histoire, et cette histoire, venue de la structure même du langage, est inscrite dans toute phrase de Flaubert. Le drame de Flaubert (ses confidences autorisent à employer un mot aussi romanesque) devant la phrase peut s'énoncer ainsi : la phrase est un objet, en elle une finitude fascine, analogue à celle qui règle la maturation métrique du vers; mais en même temps par le mécanisme même de l'expansion, toute phrase est insaturable, on ne dispose d'aucune raison structurelle de l'arrêter ici plutôt que là. *Travaillons à finir la phrase* (à la façon d'un vers), dit implicitement Flaubert à chaque moment de son labeur, de sa vie, cependant que contradictoirement il est obligé de s'écrier sans cesse (comme il le note en 1853) : *Ça n'est jamais fini*[1]. La phrase flaubertienne est la trace même de cette contradiction, vécue à vif par l'écrivain tout au long des heures innombrables pendant lesquelles il s'est enfermé avec elle : elle est comme l'arrêt gratuit d'une liberté infinie, en elle s'inscrit une sorte de contradiction métaphysique : parce que la phrase est libre, l'écrivain est condamné non à chercher la meilleure phrase, mais à assumer toute phrase : aucun dieu, fût-ce celui de l'art, ne peut la fonder à sa place.

On le sait, cette situation n'a pas été ressentie de la même façon pendant toute la période classique. Face à la liberté du langage, la rhétorique avait édifié un système de surveillance (en promulguant dès Aristote les règles métriques de la « période » et en déterminant le champ des corrections, là où la liberté est limitée par la nature même du langage, c'est-à-dire au niveau des substitutions et des ellipses), et ce système rendait la liberté légère à l'écrivain, en limitant ses choix. Ce code rhétorique – ou second code, puisqu'il transforme les libertés de

---

1. « Ah! Quels découragements quelquefois, quel rocher de Sisyphe à rouler que le style, et la prose surtout! *Ça n'est jamais fini* » (1853, *op. cit.*, p. 153).

la langue en contraintes de l'expression – est moribond
au milieu du XIXe siècle; la rhétorique se retire et laisse
en quelque sorte à nu l'unité linguiste fondamentale, la
phrase. Ce nouvel objet, où s'investit désormais sans relais
la liberté de l'écrivain, Flaubert le découvre avec angoisse.
Un peu plus tard, un écrivain viendra, qui fera de la
phrase le lieu d'une démonstration à la fois poétique et
linguistique : *Un coup de dés* est explicitement fondé sur
l'infinie possibilité de l'expansion phrastique, dont la liberté,
si lourde à Flaubert, devient pour Mallarmé le sens même
– vide – du livre à venir. Dès lors, le frère et le guide
de l'écrivain ne sera plus le rhéteur, mais le linguiste,
celui qui met à jour, non plus les figures du discours,
mais les catégories fondamentales de la langue[1].

1967

1. Texte écrit en hommage à André Martinet. Paru dans : *Word*,
vol. 24, n° 1-2-3. avril. août. décembre 1968.

Par où commencer?

Je suppose qu'un étudiant veuille entreprendre l'analyse structurale d'une œuvre littéraire. Je suppose cet étudiant assez informé pour ne pas s'étonner des divergences d'approche que l'on réunit parfois indûment sous le nom de structuralisme; assez sage pour savoir qu'en analyse structurale il n'existe pas de méthode canonique, comparable à celle de la sociologie ou de la philologie, telle qu'en l'appliquant automatiquement à un texte on en fasse surgir la structure; assez courageux pour prévoir et supporter les erreurs, les pannes, les déceptions, les découragements (*« à quoi bon? »*) que ne manquera pas de susciter le voyage analytique; assez libre pour oser exploiter ce qu'il peut y avoir en lui de sensibilité structurale, d'intuition des sens multiples; assez dialectique enfin pour bien se persuader qu'il ne s'agit pas d'obtenir une « explication » du texte, un « résultat positif » (un signifié dernier qui serait la vérité de l'œuvre ou sa détermination), mais à l'inverse qu'il s'agit d'entrer, par l'analyse (ou ce qui ressemble à une analyse), dans le jeu du signifiant, dans l'écriture : en un mot, d'accomplir, par son travail, le pluriel du texte. Ce héros – ou ce sage – trouvé, il n'en rencontrera pas moins un malaise opératoire, une difficulté simple, et qui est celle de tout début : *par où commencer?* Sous son apparence pratique et comme gestuelle (il s'agit du premier geste que l'on accomplira en présence du texte), on peut dire que cette difficulté est celle-là même qui a fondé la linguistique moderne : d'abord suffoqué par l'hétéroclite du langage humain, Saussure,

pour mettre fin à cette oppression qui est en somme celle
du commencement impossible, décida de choisir un fil,
une pertinence (celle du sens) et de dévider ce fil : ainsi
se construisit un *système* de la langue. De la même façon,
quoique au niveau second du discours, le texte déroule
des codes multiples et simultanés, dont on ne voit pas
d'abord la systématique, ou mieux encore : qu'on ne peut
tout de suite *nommer*. Tout concourt en effet à innocenter
les structures que l'on recherche, à les absenter : le dévide-
ment du discours, la naturalité des phrases, l'égalité apparente du signifiant et de l'insignifiant, les préjugés scolaires
(ceux du « plan », du « personnage », du « style »), la simultanéité des sens, la disparition et la résurgence capricieuses
de certains filons thématiques. Face au phénomène textuel,
ressenti comme une richesse et une nature (deux bonnes
raisons pour le sacraliser), comment repérer, tirer le premier fil, comment détacher les premiers codes? On veut
aborder ici ce problème de travail, en proposant la *première*
analyse d'un roman de Jules Verne, *l'Ile mystérieuse*[1].

Un linguiste écrit[2] : « Dans chaque processus d'élaboration de l'information on peut dégager un certain ensemble
A de signaux initiaux et un certain ensemble B de signaux
finaux observés. La tâche d'une description scientifique,
c'est d'expliquer comment s'effectue le passage de A à
B et quelles sont les liaisons entre ces deux ensembles
(si les chaînons intermédiaires sont trop complexes et
échappent à l'observation, en cybernétique, on parle de
boîte noire). » Face au roman comme système « marchant »
d'informations, la formulation de Revzin peut inspirer une
première démarche : établir d'abord les deux ensembles limites, initial et terminal, puis explorer par quelles voies,
à travers quelles transformations, quelles mobilisations, le
second rejoint le premier ou s'en différencie : il faut en

1. Collection « le Livre de poche ». Hachette. 1966. 2 volumes.
2. I. I. Revzin, « les Principes de la théorie des modèles en linguistique », *Langages*, n° 15, septembre 1969. p. 28.

somme définir le passage d'un équilibre à un autre, traverser la « boîte noire ». La notion d'ensemble initial (ou final) n'est cependant pas simple; tous les récits n'ont pas la belle ordonnance, éminemment didactique, du roman balzacien, qui s'ouvre sur un discours statique, longtemps synchronique, vaste concours immobile de données initiales que l'on appelle un *tableau* (le *tableau* est une idée rhétorique qui mériterait d'être étudiée, en ceci qu'il est un défi à la *marche* du langage); dans bien des cas, le lecteur est jeté *in medias res;* les éléments du tableau sont dispersés le long d'une diégèse qui commence au premier mot. C'est le cas de *l'Ile mystérieuse* : le discours prend l'histoire de plein fouet (il s'agit d'ailleurs d'une tempête). Pour *arrêter* le tableau initial, il n'y a dès lors qu'un moyen : s'aider dialectiquement du tableau final (ou réciproquement selon les cas). *L'Ile mystérieuse* se termine sur deux vues; la première représente les six colons rassemblés sur un rocher nu, ils vont mourir de dénuement, si le yacht de lord Glenarvan ne les sauve : la seconde met ces mêmes colons, sauvés, sur un territoire florissant, qu'ils ont colonisé dans l'État d'Iowa; ces deux vues finales sont évidemment dans un rapport paradigmatique : la florescence s'oppose au dépérissement, la richesse au dénuement; ce paradigme final doit avoir un corrélat initial, ou, s'il ne l'a pas (ou s'il l'a partiellement), c'est qu'il y aura eu perte, dilution ou transformation dans la « boîte noire »; c'est ce qui se passe : la colonisation iowienne a pour corrélat antérieur la colonisation de l'île, mais ce corrélat s'identifie à la diégèse même, il est étendu à tout ce qui se passe dans le roman et n'est donc pas un « tableau »; en revanche, le dénuement final (sur le rocher) renvoie symétriquement au premier dénuement des colons, lorsque, tombés du ballon, ils sont tous rassemblés sur l'île qu'à partir de rien (un collier de chien, un grain de blé) ils vont coloniser; le tableau initial, par cette symétrie, est dès lors fondé : c'est l'ensemble des *données* rassemblées dans les premiers chapitres de l'œuvre, jusqu'au moment où, Cyrus Smith

étant retrouvé, le personnel colonisateur est au complet,
affronté d'une façon pure, comme algébrique, à la carence
totale des outils (« *Le feu était éteint* » : ainsi se termine
avec le chapitre VIII, le tableau initial du roman). Le
système informatif s'établit en somme comme un paradigme
répété *(dénuement/colonisation)*, mais cette répétition est
boiteuse : les deux dénuements sont des « tableaux », mais
la colonisation est une « histoire »; c'est cette disturbance
qui « ouvre » (à la façon d'une première clef) le procès
de l'analyse, en dévoilant deux codes : l'un, statique, se
réfère à la situation adamique des colons, exemplaire dans
le tableau initial et dans le tableau final; l'autre, dynamique
(ce qui n'empêche pas ses traits d'être sémantiques), se
réfère au travail heuristique par lequel ces mêmes colons
vont « découvrir », « percer », « trouver » à la fois la nature
de l'île et son secret.

Ce premier tri effectué, il est facile (sinon rapide) de
dégrossir peu à peu chacun des deux codes qu'il a mis
au jour. Le code adamique (ou plutôt le champ thématique
du dénuement originel, car ce champ réunit lui-même plusieurs codes) comprend des termes morphologiquement
variés : termes d'action, indices, sèmes, constats, commen-
taires. Voici par exemple deux séquences d'actions qui
y sont rattachées. La première est celle qui inaugure le
roman : la descente du ballon; cette descente est faite,
si l'on peut dire, de deux fils : un fil actionnel, de modèle
physique, qui égrène les étapes de l'affaissement progressif
de l'aéronef (les termes en sont facilement repérables, numé-
rables et structurables), et un fil « symbolique », où s'alignent
tous les traits qui marquent (entendons ce mot au sens
linguistique) le dépouillement, ou plutôt la spoliation volontaire des colons, au terme de laquelle, abandonnés sur
l'île, ils se retrouveront sans bagages, sans outils, sans
biens : le débarras de l'or (10 000 francs jetés par-dessus
la nacelle pour tenter de la remonter) est à ce titre haute-
ment symbolique (d'autant que cet or est l'or ennemi,
celui des Sudistes); de même pour l'ouragan, origine du

naufrage, dont le caractère exceptionnel, cataclysmique, opère symboliquement l'arrachement loin de toute socialité (dans le mythe robinsonien, la tempête initiale n'est pas seulement un élément logique qui explique la perdition du naufragé, mais aussi un élément symbolique qui figure le dépouillement révolutionnaire, la mue de l'homme social en homme originel). Une autre séquence qui doit être rattachée au thème adamique est celle de la première exploration par laquelle les colons s'assurent si la terre où ils viennent d'être jetés est une île ou un continent; cette séquence est construite comme une énigme et le couronnement en est d'ailleurs fort poétique puisque seule la lumière de la lune fait enfin apparaître la vérité; l'instance du discours commande évidemment que cette terre soit une île et que cette île soit déserte, car il faut, pour la suite du discours, que la matière soit donnée à l'homme sans l'outil, mais aussi sans la résistance des autres hommes : l'homme (s'il est autre que le colon) est donc l'ennemi, à la fois des naufragés et du discours; Robinson et les naufragés de Jules Verne ont la même peur des autres hommes, des intrus qui viendraient déranger le filé de la démonstration, la pureté du discours : rien d'humain (sinon d'intérieur au groupe) ne doit ternir la conquête brillante de l'Outil (*l'Île mystérieuse* est le contraire même d'un roman d'anticipation; c'est un roman de l'extrême passé, des premières productions de l'outil).

Font également partie du thème adamique toutes les marques de la Nature gratifiante : c'est ce que l'on pourrait appeler le code édénique (*Adam/Éden* : curieuse homologie phonétique). Le don édénique prend trois formes : d'abord la nature même de l'île est parfaite, « fertile, agréable dans ses aspects, variée dans ses productions » (I, 48); ensuite elle fournit toujours la matière nécessaire *à point nommé* : veut-on pêcher des oiseaux à la ligne? Il y a, *juste là, à côté*, des lianes pour la ligne, des épines pour l'hameçon, des vers pour l'appât; enfin, lorsque les colons travaillent cette nature, ils n'en ressentent aucune fatigue,

ou du moins cette fatigue est *expédiée* par le discours :
c'est la troisième forme du don édénique : le discours,
tout-puissant, s'identifie à la Nature comblante, il facilite,
euphorise, réduit le temps, la fatigue, la difficulté; l'abattage
d'un arbre énorme, entrepris presque sans outils, est « li-
quidé » en une phrase; il faudrait (au cours d'une analyse
ultérieure) insister sur cette *grâce* que le discours vernien
répand sur toute entreprise; car d'une part c'est tout le
contraire, de ce qui se passe chez Defoe : dans *Robinson
Crusoé* le travail est non seulement épuisant (un mot suffi-
rait alors à le dire) mais encore défini dans sa peine
par le décompte alourdi des jours et des semaines nécessaires pour accomplir (seul) la moindre transformation :
combien de temps, de mouvements pour déplacer seul,
un peu chaque jour, une lourde pirogue! le discours a
ici pour fonction de donner le travail au ralenti, de lui
restituer sa valeur-temps (qui est son aliénation même);
et d'autre part on voit bien la toute-puissance, à la fois
diégétique et idéologique, de l'instance du discours : l'euphé-
misme vernien permet au discours d'avancer rapidement,
dans l'appropriation de la nature, de problème en problème
et non de peine en peine; il transcrit à la fois une promotion
du savoir et une censure du travail : c'est vraiment l'idiolecte
de l'« ingénieur » (qu'est Cyrus Smith), du technocrate, maître de la science, chantre du travail transformateur au
moment même où, le confiant à d'autres, il l'escamote;
le discours vernien, par ses ellipses, ses survols euphoriques,
renvoie le temps, la peine, en un mot le labeur, au néant
de l'innommé : le travail fuit, s'écoule, se perd dans les
interstices de la phrase.

Autre sous-code du thème adamique : celui de la colonisation. Ce mot est naturellement ambigu (*colonie de
vacances, d'insectes, pénitentiaire, colonialisme*); ici même
les naufragés sont des colons, mais ils ne colonisent qu'une
île déserte, une nature vierge : toute instance sociale est
pudiquement effacée de cette épure où il s'agit de transformer la terre sans la médiation d'aucun esclavage : cultiva-

teurs, mais non colonisateurs. Dans l'inventaire des codes, on aura cependant intérêt à noter que le rapport inter-humain, pour discret et conventionnel qu'il soit, se place dans une problématique coloniale, même lointaine; entre les colons, le travail (même s'ils mettent tous la main à la pâte) est hiérarchiquement divisé (le chef et le technocrate : Cyrus; le chasseur : Spilett; l'héritier : Herbert; l'ouvrier spécialisé : Pencroff; le serviteur : Nab; le bagnard relégué à la colonisation brute, celle des troupeaux : Ayrton); de plus, le nègre, Nab, est une essence esclave, non en ce qu'il est « maltraité » ou même « distancé » (bien au contraire : l'œuvre est humanitaire, égalitaire), ni même en ce que son travail est subalterne, mais en ce que sa « nature » psychologique est d'ordre animal : intuitif, réceptif, savant par flair et prémonition, il forme groupe avec le chien Top : c'est le moment inférieur de l'échelle, le départ de la pyramide au sommet de laquelle trône l'Ingénieur tout-puissant; enfin il ne faut pas oublier que l'horizon historique de l'argument est d'ordre colonial : c'est la guerre de Sécession qui, chassant les naufragés, détermine et reporte plus loin une nouvelle colonisation, magiquement épurée (par les vertus du discours) de toute aliénation (on notera à ce sujet que l'aventure de Robinson Crusoé a aussi pour origine un problème colonial, un trafic d'esclaves noirs dont Robinson doit s'enrichir en les transplantant d'Afrique dans les sucreries du Brésil : le mythe de l'île déserte prend appui sur un problème très vif : comment cultiver sans esclaves?); et lorsque les colons, ayant perdu leur île, fondent en Amérique une nouvelle colonie, c'est dans l'Iowa, territoire de l'Ouest dont les habitants naturels, les Sioux, sont aussi magiquement « absentés » que tout indigène de l'Île mystérieuse.

Le second code qu'il faut (pour commencer) dévider, est celui du défrichement-déchiffrement (profitons de la métathèse); on y rattachera tous les traits (nombreux) qui marquent à la fois une effraction et un dévoilement de la nature (de façon à la faire *rendre*, à la doter d'une

rentabilité). Ce code comprend deux sous-codes. Le premier
implique une transformation de la nature par des moyens,
si l'on peut dire, naturels : le savoir, le travail, le caractère;
il s'agit ici de *découvrir* la nature, de trouver les voies
qui conduisent à son exploitation : d'où le code « heuristique »; il comporte d'emblée une symbolique : celle du « fo-
rage », de l'« explosion », en un mot, comme on l'a dit,
de l'effraction : la nature est une croûte, la minéralité
est sa substance essentielle, à quoi répond la fonction,
l'énergie endoscopique de l'Ingénieur : il faut « faire sauter »
pour « voir dedans », il faut « éventrer » pour libérer les
richesses comprimées : roman plutonien, *l'Ile mystérieuse*
mobilise une vive imagination tellurique (vive parce
qu'ambivalente) : la profondeur de la terre est à la fois
un abri qui se conquiert (Granite-House, la crique souter-
raine du *Nautilus*) et le recel d'une énergie destructrice
(le volcan). On a justement suggéré (Jean Pommier à
propos du XVIIᵉ siècle) d'étudier les métaphores d'époque;
nul doute que le plutonisme vernien soit lié aux tâches
techniques du siècle industriel : effraction généralisée de
la terre, du *tellus*, par la dynamite, pour l'exploitation
des mines, l'ouverture des routes, des voies ferrées, l'assise
des ponts : la terre s'ouvre pour livrer le fer (substance
vulcanique, ignée, que Eiffel, notamment, substitue à la
pierre, substance ancestrale qui se « cueille » à fleur de
terre) et le fer parachève la percée de la terre, permettant
d'édifier les instruments de communication (ponts, rails,
gares, viaducs).

La symbolique (plutonienne) s'articule sur un thème technique celui de l'outil. L'outil, né d'une pensée démultiplica-
trice (à l'égal du langage et de l'échange matrimonial,
comme l'ont fait remarquer Lévi-Strauss et Jakobson), est
lui-même essentiellement un agent de démultiplication : la
nature (ou la Providence) donne le grain ou l'allumette
(retrouvés dans la poche de l'enfant), les colons les démulti-
plient; les exemples de cette démultiplication sont nombreux
dans *l'Ile mystérieuse* : l'outil produit l'outil, selon un pou-

voir qui est celui du nombre; le nombre démultiplicateur,
dont Cyrus démonte soigneusement la vertu génératrice,
est à la fois une magie (« *Il y a toujours moyen de
tout faire* », I, 43), une raison (le nombre combinatoire
est précisément appelé une *raison* : comptabilité et *ratio*
se confondent, étymologiquement et idéologiquement) et
un contre-hasard (grâce à ce nombre on ne repart pas
à zéro après chaque coup, chaque feu ou chaque moisson,
comme dans le jeu). Le code de l'outil s'articule à son
tour sur un thème à la fois technique (la transmutation
de la matière), magique (la métamorphose) et linguistique
(la génération des signes), qui est celui de la *transformation*.
Quoique toujours scientifique, justifiée selon les termes du
code scolaire (physique, chimie, botanique, leçon de choses),
celle-ci est toujours construite comme une surprise et souvent comme une énigme (provisoire) : en quoi peut-on
bien transformer les phoques? Réponse (retardée selon les
lois du suspense) : à faire un soufflet de forge et des
bougies; le discours (et pas seulement la science, qui n'est
là que pour le cautionner) exige d'une part que les deux
termes de l'opération, la matière originelle et l'objet produit,
les algues et la nitro-glycérine, soient aussi distants que
possible et, d'autre part, que selon le principe même du
bricolage, tout objet naturel ou donné soit tiré de son
« être-là » et dérivé vers une destination inattendue : la
toile du ballon, multi-fonctionnelle dans la mesure où elle
est un rebut (du naufrage), se transforme en linge et en
ailes de moulin. On devine combien ce code, qui est
mise en jeu perpétuelle de classifications nouvelles, inatten-
dues, est proche de l'opération linguistique : le pouvoir
transformateur de l'Ingénieur est un pouvoir verbal, car
l'un et l'autre consistent à combiner des éléments (mots,
matériaux) pour produire des systèmes nouveaux (phrases,
objets) et tous deux puisent pour cela dans des codes
très sûrs (langue, savoir), dont les données stéréotypiques
n'empêchent pas le rendement poétique (et poïétique). On
peut d'ailleurs rattacher au code transformationnel (à la

fois linguistique et démiurgique) un sous-code, dont les
traits sont abondants, qui est celui de la nomination. A
peine parvenus au sommet du mont qui leur donne une
vue panoramique de leur île, les colons s'empressent de
la cartographier c'est-à-dire d'en dessiner et d'en nommer
les accidents; ce premier acte d'intellection et d'appropriation est un acte de langage, comme si toute la matière
confuse de l'île, objet des transformations futures, n'accédait
au statut de réel opérable qu'à travers le filet du langage;
en somme, en cartographiant leur île, c'est-à-dire leur
« réel », les colons ne font qu'accomplir la définition même
du langage comme « mapping » de la réalité.

La dé-couverte de l'île, on l'a dit, soutient deux codes,
dont le premier est le code heuristique, ensemble des traits
et modèles transformateurs de la nature. Le second, beaucoup plus conventionnel du point de vue romanesque, est
un code herméneutique; de lui sortent les différentes énigmes
(une dizaine) qui justifient le titre de l'ouvrage *(l'Ile mystérieuse)*, et dont la solution est retardée jusqu'à l'appel
final du capitaine Nemo. Ce code a été étudié à l'occasion
d'un autre texte[1], et l'on peut assurer ici que les termes
formels s'en retrouvent dans *l'Ile mystérieuse* : position,
thématisation, formulation de l'énigme, différents termes
dilatoires (qui retardent la réponse), déchiffrement-dévoile-
ment. L'heuristique et l'herméneutique sont très proches,
puisque dans les deux cas l'île est l'objet d'un dévoilement :
comme nature, il faut lui arracher sa richesse, comme
habitat de Nemo, il faut déchiffrer son hôte providentiel;
toute l'œuvre est construite sur un proverbe banal : *aide-toi*,
travaille seul à domestiquer la matière, *le ciel t'aidera*,
Nemo, ayant reconnu ton excellence humaine, agira envers
toi comme un dieu. Ces deux codes convergents mobilisent
deux symboliques différentes (quoique complémentaires) :
l'effraction de la nature, la sujétion, la domestication, la

1. « *S/Z* », étude sur *Sarrasine* de Balzac, éditions du Seuil, collection
« Tel Quel », 1970.

transformation, l'exercice du savoir (plus encore, comme on l'a dit, que celui du travail) renvoient à un refus d'héritage, à une symbolique du Fils; l'action de Nemo, à vrai dire subie parfois avec impatience par le Fils adulte (Cyrus), implique une symbolique du Père (analysée par Marcel Moré[1]) : singulier père cependant, singulier dieu que celui-là, qui s'appelle Personne.

Ce premier « débrouillage » paraîtra bien plus thématique que formaliste : c'est là cependant la liberté méthodologique qu'il faut assumer : on ne peut *commencer* l'analyse d'un texte (puisque c'est le problème qui a été posé) sans en prendre une première vue sémantique (de contenu), soit thématique, soit symbolique, soit idéologique. Le travail qui reste alors à faire (immense) consiste à suivre les premiers codes, à en repérer les termes, à esquisser les séquences, mais aussi à poser d'autres codes, qui viennent se profiler dans la perspective des premiers. En somme, si l'on se donne le droit de partir d'une certaine *condensation* du sens (comme on l'a fait ici), c'est parce que le mouvement de l'analyse, dans son filé infini, est précisément de faire éclater le texte, la première nuée des sens, la première image des contenus. L'enjeu de l'analyse structurale n'est pas la vérité du texte mais son pluriel; le travail ne peut donc consister à partir des formes pour apercevoir, éclaircir ou formuler des contenus (point ne serait besoin pour cela d'une méthode structurale), mais bien au contraire à dissiper, reculer, démultiplier, faire partir les premiers contenus sous l'action d'une science formelle. L'analyste trouvera son compte à ce mouvement puisqu'il lui donne à la fois le moyen de commencer l'analyse à partir de quelques codes familiers et le droit de quitter ces codes (de les transformer) en avançant, non dans le texte (qui est toujours simultané, volumineux, stéréographique), mais dans son propre travail[2].

1970

1. Marcel Moré. *le Très curieux Jules Verne*. Gallimard. 1960.
2. Paru dans *Poétique*. n° 1. 1970.

Fromentin :
« Dominique »

Toute une petite mythologie soutient le *Dominique* de
Fromentin; c'est une œuvre deux fois solitaire, puisque
c'est le seul roman écrit par son auteur, et que cet auteur
n'était même pas écrivain, mais plutôt peintre; cette auto-
biographie discrète est tenue pour l'une des analyses les
plus générales de la crise d'amour; littérairement (je veux
dire : dans les histoires scolaires de la littérature), on note
encore ce paradoxe : en pleine période positiviste et réaliste
(*Dominique* est de 1862), Fromentin produit une œuvre
qui passe pour un grand roman d'analyse psychologique.
Tout cela fait que *Dominique* est consacré institutionnelle-
ment (car à savoir qui le lit, c'est autre chose) comme
un chef-d'œuvre singulier : Gide le mettait au nombre de
ces dix fameux livres que l'on emporte sur une île déserte
(qu'y ferait-on, cependant, de ce roman où l'on ne mange
ni ne fait jamais l'amour?).

Dominique est en effet un roman bien-pensant, dans
lequel on retrouve les valeurs fondatrices de l'idéologie
dite bourgeoise, subsumées sous une psychologie idéaliste
du sujet. Ce sujet emplit tout le livre, qui tire de lui
son unité, son continu, son dévoilement; pour plus de
commodité, il dit *je* confondant, comme tout sujet de
la culture bourgeoise, sa parole et sa conscience, et se
faisant une gloire de cette confusion, sous le nom d'*authenticité* (la forme de *Dominique* est une « confession »); pourvu
d'une parole transparente et d'une conscience sans secret,
le sujet peut s'analyser lui-même longuement : il n'a pas

d'inconscient, seulement des souvenirs : la mémoire est la seule forme de rêve que la littérature française de ce siècle ait connue; encore cette mémoire est-elle toujours construite : elle n'est pas association, irruption (comme elle le sera chez Proust), mais rappel (cependant, chez Fromentin – et c'est l'un de ses charmes –, la reconstitution anecdotique de l'aventure est souvent débordée par le souvenir insistant, effusif, d'un moment, d'un lieu). Ce sujet pur vit dans un monde sans trivialité : les objets quotidiens n'existent pour lui que s'ils peuvent faire partie d'un tableau, d'une « composition »; ils n'ont jamais une existence d'usage, encore moins vont-ils au-delà de cet usage pour déranger le sujet qui pense, ce qui se passera dans le roman ultérieur (Fromentin, cependant, eût été capable d'inventions triviales : témoin ce bouquet de rhododendrons, aux racines enveloppées de linges mouillés, don assez ridicule du futur mari à la jeune fiancée). Enfin, selon la bonne psychologie classique, toute aventure du sujet doit avoir un sens, qui est en général la façon même dont elle se termine : *Dominique* comporte une leçon morale, dite «leçon de sagesse » : le repos est l'un des rares bonheurs possibles, il faut avoir l'esprit de se borner, les chimères romantiques sont condamnables, etc : le sujet pur finit par exploiter sagement ses terres et ses paysans. Tel est à peu près ce que l'on pourrait appeler le dossier idéologique de *Dominique* (le mot est un peu judiciaire; mais il faut en prendre son parti : la littérature est en procès).

Ce dossier est assez triste, mais heureusement, il n'épuise pas *Dominique*. Ce n'est pas que Fromentin soit le moins du monde révolutionnaire (ni en politique, ni en littérature); son roman est indéfectiblement sage, conformiste, pusillanime même (si l'on songe à tout ce que la modernité a libéré depuis), rivé à son lourd signifié psychologique, prisonnier d'une énonciation bien-disante, hors de laquelle le signifiant, le symbole, la volupté ont beaucoup de mal à fuser. Du moins, en vertu de l'ambiguïté même de toute écriture, ce texte idéologique comporte-t-il des interstices;

ce grand roman idéaliste, il est peut-être possible de le remodeler d'une façon plus matérielle – plus matérialiste : du texte, tirons au moins toute la polysémie qu'il peut nous livrer.

Le « sujet » de *Dominique* (savourons l'ambiguïté du mot en français – elle disparaîtrait en anglais – : le «sujet » d'un livre est à la fois celui qui parle et ce dont il parle : sujet et objet), le sujet de *Dominique*, c'est l'Amour. Cependant un roman ne peut être défini par son « sujet » que d'une façon purement institutionnelle (dans le fichier méthodique d'une bibliothèque, par exemple). Plus encore que son « sujet », le lieu d'une fiction peut être sa vérité, parce que c'est au niveau du lieu (vues, odeurs, souffles, cénesthésies, temps) que le signifiant s'énonce le plus facilement : le lieu risque bien d'être la figure du désir, sans lequel il ne peut y avoir de texte. A ce compte, *Dominique* n'est pas un roman d'amour, c'est un roman de la Campagne. La Campagne n'est pas seulement ici un décor (occasion de descriptions qui constituent sans doute l'élément le plus pénétrant, le plus moderne, du livre), c'est l'objet d'une passion (« ce que je puis appeler ma passion pour la campagne », dit le narrateur : et s'il se donne le droit de parler ainsi, c'est qu'il s'agit bien d'une passion, au sens amoureux du mot). La passion de la Campagne donne au discours sa métaphore de base, l'automne, en quoi peuvent se lire à la fois, la tristesse d'un caractère, la désespérance d'un amour impossible, la démission que le héros s'impose, et la sagesse d'une vie qui, l'orage passé, s'écoule infailliblement vers l'hiver, la mort; elle lui donne aussi ses métonymies, c'est-à-dire des liaisons culturelles si bien connues, si sûres, que la Campagne devient en quelque sorte le lieu obligé de certaines identifications : tout d'abord, la Campagne, c'est l'Amour, la crise adolescente (associée, dans combien de romans, aux grandes vacances, à l'enfance provinciale) : liaison favorisée par l'analogie métaphorique du printemps et du désir, de la sève et de la liqueur séminale, de l'épanouissement végétal et de l'explosion pubertaire (qu'on lise à ce sujet la folle promenade de Dominique adolescent aux environs de sa ville de collège, un jeudi d'avril); Fromentin a exploité à fond cette liaison culturelle : la Campagne est pour son héros le lieu eïdétique de l'Amour : un espace éternellement destiné à le contracter et à le résorber. Ensuite, la Campagne, c'est la Mémoire, l'endroit où il se produit une certaine pondération du temps, une écoute délicieuse (ou douloureuse) du souvenir; et dans la mesure où la Campagne, c'est aussi (et parfois principalement) la demeure, la chambre campagnarde devient une sorte de temple du ressassement : Dominique, par mille entailles et inscriptions, y pratique « cette manie des dates, des chiffres, des symboles, des hiéroglyphes », qui font des Trembles un tombeau couvert de scellés commémoratifs. Enfin, la Campagne, c'est le Récit; on y parle sans limite de temps, on s'y confie, on s'y confesse; dans la mesure où la Nature est réputée silencieuse, nocturne, (du moins dans ce post-romantisme dont fait partie Fromentin), elle est la substance neutre d'où peut surgir une parole pure, infinie. Lieu du sens, la Campagne s'oppose à la Ville, lieu du bruit; on sait combien, dans *Dominique*, la Ville est amèrement discréditée; Paris est un producteur de *bruit*, au sens cybernétique du terme : lorsque Dominique séjourne dans la capitale, le sens de son amour, de son échec, de sa persévérance, ce sens est brouillé; en face de quoi la Campagne constitue un espace intelligible, où la vie peut se lire sous forme d'un destin. Voilà pourquoi, peut-être, la Campagne, plus que l'Amour, est le vrai « sujet » de *Dominique* : à la Campagne on comprend pourquoi l'on vit, pourquoi l'on aime, pourquoi l'on échoue (ou plutôt, on se résout à ne jamais rien comprendre de tout cela, mais cette résolution même nous apaise comme un acte suprême d'intelligence); on s'y réfugie comme dans le sein maternel, qui est aussi le sein de la mort : Dominique revient aux Trembles par le même mouvement éperdu qui pousse le gangster d'*Asphalt Jungle* à s'échapper de la

ville et à venir mourir à la barrière de la maison de
campagne d'où il était un jour parti. Chose curieuse, l'histoire d'amour racontée par Fromentin peut nous laisser
froids; mais son désir de campagne nous touche : les Trembles, Villeneuve la nuit, nous font envie.

Ce roman éthéré (le seul acte sensuel y est un baiser)
est assez brutalement un roman de classe. Il ne faut pas
oublier que Fromentin, dont les histoires de la littérature
nous rappellent avec componction la passion blessée et
le désenchantement romantique, fut parfaitement bien intégré
à la société du second Empire : reçu dans le salon de
la princesse Mathilde, invité de Napoléon III à Compiègne,
membre du jury de l'Exposition universelle de 1867, il
fit partie de la délégation qui inaugura le canal de Suez
en 1869; c'est dire que, en tant que personne civile, il
ne fut nullement aussi écarté de la vie historique de son
temps que son héros, qui, lui, évolue apparemment à travers
des lieux aussi socialement abstraits que la Ville et la
Campagne. En fait, dans l'œuvre de Fromentin, la Campagne, quand on y regarde d'un peu près, est un lieu socialement lourd. *Dominique* est un roman réactionnaire : le
second Empire est ce moment de l'histoire française où
le grand capitalisme industriel s'est développé avec violence
comme un incendie; dans ce mouvement irrésistible, la
Campagne, quelque appoint électoral qu'elle ait constitué
par ses paysans pour le fascisme napoléonien, ne pouvait
que représenter un lieu déjà anachronique : refuge, rêve,
asocialité, dépolitisation, tout un déchet de l'Histoire s'y
transformait en valeur idéologique. *Dominique* met en scène
d'une façon très directe (quoique à travers un langage indirect) tous les laissés-pour-compte de la grande promotion
capitaliste, appelés, pour survivre, à transformer en solitude
glorieuse l'abandon où les laisse l'Histoire (« J'étais seul,
seul de ma race, seul de mon rang », dit le héros). Il
n'y a dans ce roman qu'un personnage qui soit doué
d'ambition et veut, à travers des phrases antiques dont
le noble désintéressement désigne par dénégation la violence

de son avidité, rejoindre la course au pouvoir : Augustin,
le précepteur : il n'a pas de nom de famille, c'est un
bâtard, bonne condition romantique pour être ambitieux;
il veut arriver par la politique, seule voie de puissance
que le siècle concède à ceux qui ne possèdent ni usines
ni actions; mais les autres appartiennent à une classe
déçue : Olivier, l'aristocrate pur, finit par se suicider, ou,
ce qui est encore plus symbolique, par se défigurer (il
rate même son suicide : l'aristocratie n'a plus de figure);
et Dominique, aristocrate lui aussi, fuit la Ville (emblème
conjoint de la haute mondanité, de la finance et du pouvoir),
et déchoit jusqu'à rejoindre l'état d'un *gentleman-farmer*,
c'est-à-dire d'un petit exploitant : déchéance que tout le
roman s'emploie à consacrer sous le nom de *sagesse* :
la sagesse consiste, ne l'oublions pas, à bien exploiter
(ses terres et ses ouvriers); la sagesse, c'est l'exploitation
sans l'expansion. Il s'ensuit que la position sociale de
Dominique de Bray est à la fois morale et réactionnaire,
sublimée sous les espèces d'un patriarcat bienveillant : le
mari est un oisif, il chasse et fait du roman avec ses
souvenirs; la femme tient les comptes; lui, il se promène
parmi les laboureurs, gens de main d'œuvre, aux reins
pliés, faussés, qui se courbent encore pour saluer le maître;
elle, elle est chargée de purifier la propriété par des distribu-
tions de bienfaisance (« Elle tenait les clefs de la pharmacie,
du linge, du gros bois, des sarments », etc.) : association
en chassé-croisé : d'un côté le livre (le roman) et l'exploitation, de l'autre les livres (de comptes) et la charité, « tout
cela le plus simplement du monde, non pas même comme
une servitude, mais comme un devoir de position, de fortune
et de naissance ». La « simplicité » que le premier narrateur
(qui est à peu près Fromentin lui-même) prête au langage
du second n'est évidemment que l'artifice culturel par lequel
il est possible de naturaliser des comportements de classe;
cette « simplicité » de théâtre (puisqu'on nous *la dit*) est
comme le vernis sous lequel sont venus se déposer les
rituels de culture : la pratique des Arts (peinture, musique,

poésie servent de références au grand amour de Dominique)
et le style de l'interlocution (les personnages parlent entre
eux ce langage bizarre, qu'on pourrait appeler « style janséniste », dont les clausules sont issues, quel que soit l'objet
à quoi elles s'appliquent, amour, philosophie, psychologie,
des versions latines et des traités de religion, par exemple :
« rentrer dans les effacements de sa province », qui est
un style de confesseur). Le haut langage n'est pas seulement
une façon de sublimer la matérialité des rapports humains;
il crée ces rapports eux-mêmes : tout l'amour de Dominique
pour Madeleine provient du Livre antérieur; c'est un thème
bien connu de la littérature amoureuse, depuis que Dante
fit dépendre la passion de Paolo et de Francesca de celle
de Lancelot et de Guenièvre; Dominique s'étonne de retrouver son histoire dans le livre des autres; il ne sait pas
qu'elle en provient.

Le corps est-il donc absent de ce roman à la fois
social et moral (deux raisons pour l'expulser)? Nullement;
mais il y revient par une voie qui n'est jamais directement
celle d'Éros : c'est la voie du grand pathétique, sorte de
langage sublime que l'on retrouve ailleurs dans les romans
et les peintures du romantisme français. Les gestes sont
détournés de leur champ corporel, immédiatement affectés
(par une hâte qui ressemble bien à une peur du corps)
à une signification idéelle : quoi de plus charnel que de
se mettre à genoux devant la femme aimée (c'est-à-dire
se coucher à ses pieds et pour ainsi dire *sous elle*)?
Dans notre roman, cet engagement érotique n'est jamais
donné que pour le « mouvement » (mot que toute la civilisation classique a transporté continûment du corps à l'âme)
d'une effusion morale, la demande de pardon; en nous
parlant, à propos de Madeleine, d'un « mouvement de
femme indignée que je n'oublierai jamais », le narrateur
feint d'ignorer que le geste indigné n'est qu'un refus du
corps (quels qu'en soient les motifs, ici fort trompeurs,

puisque, en fait, Madeleine désire Dominique : ce n'est rien de plus qu'une dénégation). En termes modernes, on dira que dans le texte de Fromentin (résumant d'ailleurs tout un langage d'époque), le signifiant est immédiatement *volé* par le signifié.

Cependant ce signifiant (ce corps) revient, comme il se doit, là même où il a été dérobé. Il revient parce que l'amour qui est raconté ici sur un mode sublime (de renonciation réciproque) est *en même temps* traité comme une maladie. Son apparition est celle d'une crise physique; il transit et exalte Dominique comme un philtre : n'est-il pas amoureux de la première personne qu'il rencontre lors de sa folle promenade, c'est-à-dire en état de crise (ayant bu le philtre), tout comme dans un conte populaire? On cherche à cette maladie mille remèdes, auxquels elle résiste (ce sont d'ailleurs, ici encore, des remèdes de caste, tels qu'on pourrait les concevoir dans la médecine des sorciers : « Il me conseillait de me guérir, dit Dominique d'Augustin, mais par des moyens qui lui semblaient les seuls dignes de moi »); et la crise (imparfaitement) passée, il faut du repos (« Je suis bien las... j'ai besoin de repos ») – ce pour quoi on part à la campagne. Cependant, comme s'il s'agissait d'un tableau nosographique incomplet ou faux, le centre du trouble n'est jamais nommé : à savoir le sexe. *Dominique* est un roman sans sexe (la logique du signifiant dit que cette absence s'inscrit déjà dans le flottement du nom qui donne son titre au livre : Dominique est un nom double : masculin et féminin); tout se noue, se déroule, se conclut *en dehors de la peau*; dans le cours de l'histoire, il ne se produit que deux attouchements, et l'on imagine quelle force de déflagration ils retirent du milieu sensuellement vide où ils interviennent : Madeleine, fiancée à M. de Nièvres, pose « ses deux mains dégantées dans les mains du comte » (le *déganté* de la main possède une valeur érotique dont Pierre Klossovski s'est beaucoup servi) : c'est là tout le rapport conjugal; quant au rapport adultère (qui n'arrive pas à s'accomplir), il ne produit

qu'un baiser, celui que Madeleine accorde et retire au
narrateur avant de le quitter à jamais : toute une vie,
tout un roman pour un baiser : le sexe est soumis ici
à une économie *parcimonieuse*.

Gommée, décentrée, la sexualité va ailleurs. Où? dans
l'émotivité, qui, elle, peut légalement produire des écarts
corporels. Châtré par la morale, l'homme de ce monde
(qui est en gros le monde romantique bourgeois), le mâle
a droit à des attitudes ordinairement réputées féminines :
il tombe à genoux (devant la femme vengeresse, castratrice,
dont la main est phalliquement levée dans un geste d'intimidation), il s'évanouit (« Je tombai raide sur le carreau »).
Le sexe une fois barré, la physiologie devient luxuriante;
deux activités légales (parce que culturelles) deviennent
le champ de l'explosion érotique : la musique (dont les
effets sont toujours décrits avec excès, comme s'il s'agissait
d'un orgasme (« Madeleine écoutait, haletante... ») et la promenade (c'est-à-dire la Nature : promenades solitaires de
Dominique, promenade à cheval de Madeleine et Dominique); on pourrait joindre raisonnablement à ces deux activités, vécues sur le mode de l'éréthisme nerveux, un dernier
substitut, et de taille : l'écriture elle-même, ou du moins,
l'époque n'entrant pas dans la distinction moderne qui
oppose la parole à l'écriture, l'énonciation : quelle qu'en
soit la discipline oratoire, c'est bien le trouble sexuel qui
passe dans la manie poétique du jeune Dominique et dans
la confession de l'adulte qui se souvient et s'émeut : si
dans ce roman il y a deux narrateurs, c'est en un sens
parce qu'il faut que la *pratique expressive*, substitut de
l'activité érotique malheureuse, déçue, soit distinguée du
simple discours littéraire, qui, lui, est pris en charge par le
second narrateur (confesseur du premier et auteur du livre).

Il y a dans ce roman un dernier transfert du corps :
c'est le masochisme éperdu qui règle tout le discours du
héros. Cette notion, tombée dans le domaine public, est
de plus en plus abandonnée par la psychanalyse, qui ne
peut se satisfaire de sa simplicité. Si l'on retient le mot

encore une fois ici, c'est en raison, précisément, de sa
valeur culturelle (*Dominique* est un roman masochiste, d'une
façon *stéréotypée*), et aussi parce que cette notion se
confond sans peine avec le thème social de la déception
de classe, dont on a parlé (que deux discours critiques
puissent être tenus sur une seule et même œuvre, c'est
cela qui est intéressant : l'indécidabilité des déterminations
prouve la spécialité littéraire d'une œuvre) : à la frustration
sociale d'une portion de classe (l'aristocratie) qui s'écarte
du pouvoir et s'enfouit en famille dans de vieilles propriétés,
répond la conduite d'échec des deux amoureux; le récit,
à tous ses niveaux, du social à l'érotique, est enveloppé
d'un grand drapé funèbre; cela commence par l'image du
Père fatigué, qui traîne, appuyé sur un jonc, au pâle soleil
d'automne, devant les espaliers de son jardin; tous les
personnages finissent dans la mort vivante : défigurés (Olivier), aplatis (Augustin), éternellement refusés (Madeleine
et Dominique), blessés à mort (Julie) : une idée de néant
travaille incessamment la population de *Dominique* (« Il
n'était personne, il ressemblait à tout le monde », etc.),
sans que ce néant ait la moindre authenticité chrétienne
(la religion n'est qu'un décor conformiste) : il n'est que
la fabrication obsessionnelle de l'échec. L'Amour, tout au
long de cette histoire, de ces pages, est en effet *construit*
selon une économie rigoureusement masochiste : le désir
et la frustration se réunissent en lui comme les deux
parties d'une phrase, nécessaires à proportion du sens qu'elle
doit avoir : l'Amour naît dans la perspective même de
son échec, il ne peut se nommer (accéder à la reconnaissance) qu'au moment où on le constate impossible : « Si vous
saviez combien je vous aime, dit Madeleine; ... aujourd'hui
cela peut s'avouer puisque c'est le mot défendu qui nous
sépare. » L'Amour, dans ce roman si sage, est bien une
machine de torture : il approche, blesse, brûle, mais ne
tue pas; sa fonction opératoire est de *rendre infirme*; il
est une mutilation volontaire portée au champ même du
désir : « Madeleine est perdue et je l'aime! » s'écrie Domini-

que; il faut lire le contraire : j'aime Madeleine parce qu'elle
est perdue : c'est, conformément au vieux mythe d'Orphée,
la perte même qui définit l'amour.

Le caractère obsessionnel de la passion amoureuse (telle
qu'elle est décrite dans le livre de Fromentin) détermine
la structure du récit d'amour. Cette structure est composite,
elle entremêle (et cette impureté définit peut-être le roman)
deux systèmes : un système dramatique et un système ludique. Le système dramatique prend en charge une structure
de crise; le modèle en est organique (naître, vivre, lutter,
mourir); née de la rencontre d'un virus et d'un terrain
(la puberté, la Campagne), la passion s'installe, elle investit;
après quoi, elle affronte l'obstacle (le mariage de l'aimée) :
c'est la crise, dont la résolution est ici la mort (le renoncement, la retraite); narrativement, toute structure dramatique
a pour ressort le *suspense* : comment cela va-t-il finir?
Même si nous savons dès les premières pages que « cela
finira mal » (et le masochisme du narrateur nous l'annonce
ensuite continûment), nous ne pouvons nous empêcher de
vivre les incertitudes d'une énigme (finiront-ils par faire
l'amour?); cela n'a rien d'étonnant : la lecture semble bien
relever d'un comportement pervers (au sens psychanalytique
du terme) et reposer sur ce qu'on appelle depuis Freud
le *clivage du moi* : nous savons *et* nous ne savons pas
comment cela va finir. Cette séparation (ce clivage) du
savoir et de l'attente est le propre de la tragédie : lisant
Sophocle, tout le monde sait qu'Œdipe a tué son père
mais tout le monde frémit de ne pas le savoir. Dans
Dominique, la question attachée à tout drame d'amour
se redouble d'une énigme initiale : qu'est-ce donc qui a
pu faire de Dominique un enterré vivant? Cependant —
et c'est là un aspect assez retors du roman d'amour —
la structure dramatique se suspend à un certain moment
et se laisse pénétrer par une structure ludique : j'appelle
ainsi toute structure *immobile*, articulée sur le va-et-vient
binaire de la répétition — telle qu'on la trouve décrite
dans le jeu (*vort/da*) de l'enfant freudien : la passion une

fois installée et bloquée, elle oscille entre le désir et la frustration, le bonheur et le malheur, la purification et l'agression, la scène d'amour et la scène de jalousie, d'une manière, à la lettre, *interminable* : rien ne justifie de mettre fin à ce jeu d'appels et de répulsions. Pour que l'histoire d'amour finisse, il faut que la structure dramatique reprenne le dessus. Dans *Dominique*, c'est le baiser, résolution du désir (résolution bien elliptique!) qui met fin à l'énigme : car désormais nous savons *tout* des deux partenaires : le savoir de l'histoire a rejoint le savoir du désir : le « moi » du lecteur n'est plus clivé, il n'y a plus rien à lire, le roman peut, le roman doit finir.

Dans ce livre passéiste, ce qui étonne le plus, c'est finalement le langage (cette nappe uniforme qui recouvre l'énoncé de chaque personnage et du narrateur, le livre ne marquant aucune différence idiolectale). Ce langage est toujours *indirect*; il ne nomme les choses que lorsqu'il a pu leur faire atteindre un haut degré d'abstraction, les distancer sous une généralité écrasante. Ce que fait Augustin, par exemple, ne parvient au discours que sous une forme qui échappe à toute identification : « Sa volonté seule, appuyée sur un rare bon sens, sur une droiture parfaite, sa volonté faisait des miracles » : quels miracles? C'est là un procédé très curieux, car il s'en faut de peu pour qu'il soit moderne (il annonce ce qu'on a pu appeler la rhétorique négative de Marguerite Duras) : ne consiste-t-il pas à irréaliser le référent et, si l'on peut dire, à formaliser à l'extrême le psychologisme (ce qui aurait bien pu, avec un peu d'audace, dépsychologiser le roman)? Les actions d'Augustin restant enfouies sous une carapace d'allusions, le personnage finit par perdre toute corporéité, il se réduit à une essence de Travail, de Volonté, etc. : Augustin est un chiffre. Aussi *Dominique* peut être lù avec autant de stupéfaction qu'une allégorie du Moyen Age; l'allusivité de l'énonciation est menée si loin que celle-ci devient obscure, amphigourique; on nous dit sans cesse qu'Augustin est ambitieux mais on ne nous dit que très tard et en passant quel est le champ de ses exploits, comme s'il ne nous intéressait pas de savoir s'il veut réussir en littérature, au théâtre ou en politique. Techniquement, cette distance est celle du *résumé* : on ne cesse de résumer sous un vocable générique (Amour, Passion, Travail, Volonté, Dignité, etc.) la multiplicité des attitudes, des actes, des mobiles. Le langage essaye de remonter vers sa source prétendue, qui est l'Essence, ou, mons philosophiquement, le *genre*; et *Dominique* est bien en cela un roman de l'origine : en se confinant dans l'abstraction, le narrateur impose au langage une origine qui n'est pas le Fait (vue « réaliste ») mais l'Idée (vue « idéaliste »). On comprend mieux alors, peut-être, tout le profit idéologique de ce langage continûment indirect : il honore tous les sens possibles du mot « correction » : *Dominique* est un livre « correct » : parce qu'il évite toute représentation triviale (nous ne savons jamais ce que les personnages mangent, sauf si ce sont des êtres des basses classes, des vignerons à qui l'on sert pour fêter la vendange de l'oie rôtie); parce qu'il respecte les préceptes classiques du bon style littéraire; parce que, de l'adultère, on ne donne qu'un discret effluve : celui de l'adultère évité; parce qu'enfin toutes ces distances rhétoriques reproduisent homologiquement une hiérarchie métaphysique, celle qui sépare l'âme du corps, étant entendu que ces deux éléments sont séparés pour que leur rencontre éventuelle constitue une subversion épouvantable, une Faute panique : de goût, de morale, de langage.

« Je vous en supplie, dit Augustin à son élève, ne croyez jamais ceux qui vous diront que le raisonnable est l'ennemi du beau, parce qu'il est l'inséparable ami de la justice et de la vérité » : ce genre de phrase est à peu près inintelligible aujourd'hui; ou, si l'on préfère donner à notre étonnement une forme plus culturelle : qui pourrait l'entendre, après avoir lu Marx, Freud, Nietzsche, Mallarmé? L'anachronisme de *Dominique* est sûr. Cependant, en recensant quelques-unes des distances qui le composent, je n'ai pas voulu dire forcément qu'il ne fallait pas lire ce livre; j'ai voulu, tout au contraire, en marquant les linéaments d'un réseau fort, liquider en quelque sorte les résistances qu'un tel roman peut susciter chez un lecteur moderne, pour qu'apparaissent ensuite, au fil de la lecture réelle, tels les caractères d'une écriture magique qui, d'invisible, deviennent peu à peu articulés sous l'effet de la chaleur, les interstices de la prison idéologique où se tient *Dominique*. Cette chaleur, productrice d'une écriture enfin lisible, c'est, ce sera celle de notre plaisir. Il y a dans ce roman bien des coins de plaisir, qui ne sont pas forcément distincts des aliénations qu'on a signalées : une certaine incantation, produite par la bien-disance des phrases, la volupté légère, délicate, des descriptions de campagne, aussi pénétrante que le plaisir que nous retirons de certaines peintures romantiques et, d'une manière plus générale, comme il a été dit au début, la plénitude fantasmatique (j'irai jusqu'à dire : l'érotisme) attachée à toute idée de retraite, de repos, d'équilibre; une vie conformiste est haïssable lorsque nous sommes en état de veille, c'est-à-dire lorsque nous parlons le langage nécessaire des valeurs; mais dans les moments de fatigue, d'affaissement, au plus fort de l'aliénation urbaine ou du vertige langagier de la relation humaine, un rêve passéiste n'est pas impossible : la vie aux Trembles. Toutes choses sont alors inversées : *Dominique* nous apparaît comme un livre illégal : nous percevons en lui la voix d'un démon : démon coûteux, coupable, puisqu'il nous convie à l'oisiveté, à l'irresponsabilité, à la maison, en un mot : à la sagesse[1].

1971

1. Préface à la traduction italienne de : Fromentin, *Dominique*, Turin, Einaudi, 1972.

Pierre Loti : « Aziyadé »

1. Le nom

Dans le nom d'Aziyadé, je lis et j'entends ceci : tout d'abord la dispersion progressive (on dirait le bouquet d'un feu d'artifice) des trois voyelles les plus claires de notre alphabet (l'ouverture des voyelles : celle des lèvres, celle des sens); la caresse du Z, le mouillement sensuel, grassouillet du yod, tout ce train sonore glissant et s'étalant, subtil et plantureux; puis, une constellation d'îles, d'étoiles, de peuples, l'Asie, la Géorgie, la Grèce; puis encore, toute une littérature : Hugo qui dans ses *Orientales* mit le nom d'Albaydé, et derrière Hugo tout le romantisme philhellène; Loti, voyageur spécialisé dans l'Orient, chantre de Stamboul; la vague idée d'un personnage féminin (quelque Désenchantée); enfin le préjugé d'avoir affaire à un roman vieillot, fade et rose : bref, du signifiant, somptueux, au signifié, dérisoire, toute une déception. Cependant, d'une autre région de la littérature, quelqu'un se lève et nous dit qu'il faut toujours *retourner* la déception du nom propre et faire de ce retour le trajet d'un apprentissage : le narrateur proustien, parti de la gloire phonétique des Guermantes, trouve dans le monde de la duchesse tout autre chose que ce que la splendeur orange du Nom faisait supposer, et c'est en *remontant* la déception de son narrateur que Proust peut écrire son œuvre. Peut-être nous aussi pouvons-nous apprendre à décevoir le nom d'Aziyadé de la bonne manière, et, après avoir glissé du nom précieux à l'image

triste d'un roman démodé, remonter vers l'idée d'un *texte* :
fragment du langage infini qui ne raconte rien mais où
passe *« quelque chose d'inouï et de ténébreux ».*

2. Loti

Loti, c'est le héros du roman (même s'il a d'autres
noms et même si ce roman se donne pour le récit d'une
réalité, non d'une fiction) : Loti est *dans* le roman (la
créature fictive, Aziyadé, appelle sans cesse son amant
Loti : « Regarde, Loti, et dis-moi... »); mais il est aussi
en dehors, puisque le Loti qui a écrit le livre ne coïncide
nullement avec le héros Loti : ils n'ont pas la même identité : le premier Loti est anglais, il meurt jeune; le second
Loti, prénommé Pierre, est membre de l'Académie française,
il a écrit bien d'autres livres que le récit de ses amours
turques. Le jeu d'identité ne s'arrête pas là : ce second
Loti, bien installé dans le commerce et les honneurs du
livre, n'est pas encore l'auteur véritable, civil, d'*Aziyadé* :
celui-là s'appelait Julien Viaud; c'était un petit monsieur
qui, sur la fin de sa vie, se faisait photographier dans
sa maison d'Hendaye, habillé à l'orientale et entouré d'un
bazar surchargé d'objets folkloriques (il avait au moins
un goût commun avec son héros : le transvestisme). Ce
n'est pas le pseudonyme qui est intéressant (en littérature,
c'est banal), c'est l'autre Loti, celui qui est et n'est
pas son personnage, celui qui est et n'est pas l'auteur
du livre : je ne pense pas qu'il en existe de semblables
dans la littérature, et son invention (par le troisième
homme, Viaud) est assez audacieuse : car enfin s'il est
courant de signer le récit de ce qui vous arrive et de
donner ainsi votre nom à l'un de vos personnages (c'est
ce qui se passe dans n'importe quel journal intime), il
ne l'est pas d'inverser le don du nom propre; c'est pourtant

ce qu'a fait Viaud : il s'est donné, à lui, auteur, le nom
de son héros. De la sorte, pris dans un réseau à trois
termes, le signataire du livre est faux deux fois : le Pierre
Loti qui garantit *Aziyadé* n'est nullement le Loti qui en
est le héros; et ce garant (*auctor, auteur*) est lui-même
truqué, l'auteur ce n'est pas Loti, c'est Viaud : tout se
joue entre un homonyme et un pseudonyme; ce qui manque,
ce qui est tu, ce qui est béant, c'est le .nom propre,
le propre du nom (le nom qui spécifie et le nom qui
approprie). Où est le scripteur?

M. Viaud est dans sa maison d'Hendaye, entouré de
ses vieilleries marocaines et japonaises; Pierre Loti est
à l'Académie française; le lieutenant britannique Loti est
mort en Turquie en 1877 (l'autre Loti avait alors 27
ans, il a survécu au premier 66 ans). De qui est l'histoire?
De qui est-ce l'histoire? De quel *sujet*? Dans la signature
même du livre, par l'adjonction de ce second Loti, de
ce troisième scripteur, un trou se fait, une perte de personne,
bien plus retorse que la simple pseudonymie.

3. Qu'est-ce qui se passe?

Un homme aime une femme (c'est le début d'un poème
de Heine); il doit la quitter; ils en meurent tous les deux.
Est-ce vraiment cela, *Aziyadé*? Quand bien même on ajou-
terait à cette anecdote ses circonstances et son décor (cela
se passe en Turquie, au moment de la guerre russo-turque;
ni l'homme ni la femme ne sont libres, ils sont séparés
par des différences, de nationalité, de religion, de mœurs,
etc.), rien, de ce livre, ne serait dit, car il ne s'épuise
paradoxalement que dans le simple effleurement de la banale
histoire. Ce qui est raconté, ce n'est pas une aventure,
ce sont des *incidents* : il faut prendre le mot dans un
sens aussi mince, aussi pudique que possible. L'incident,

déjà beaucoup moins fort que l'accident (mais peut-être
plus inquiétant) est simplement *ce qui tombe* doucement,
comme une feuille, sur le tapis de la vie; c'est ce pli
léger, fuyant, apporté au tissu des jours; c'est ce qui
peut être *à peine* noté : une sorte de degré zéro de la
notation, juste ce qu'il faut pour pouvoir écrire *quelque
chose*. Loti – ou Pierre Loti – excelle dans ces insignifiances
(qui sont bien en accord avec le projet éthique du livre,
relation d'une plongée dans la substance intemporelle du
démodé) : une promenade, une attente, une excursion, une
conversation, une séance de Karageuz, une cérémonie, une
soirée d'hiver, une partie douteuse, un incendie, l'arrivée
d'un chat, etc. : tout ce plein dont l'attente semble le
creux; mais aussi tout ce vide extérieur (extériorisé) qui
fait le bonheur.

4. Rien

Donc, il se passe : rien. Ce *rien*, cependant, il faut
le dire. Comment dire : *rien* ? On se trouve ici devant un
grand paradoxe d'écriture : *rien* ne peut se dire que *rien*;
rien est peut-être le seul mot de la langue qui n'admet
aucune périphrase, aucune métaphore, aucun synonyme,
aucun substitut; car dire *rien* autrement que par son pur
dénotant (le mot « *rien* »), c'est aussitôt remplir le rien,
le démentir : tel Orphée qui perd Eurydice en se retournant
vers elle, *rien* perd un peu de son sens, chaque fois
qu'on l'énonce (qu'on le dé-nonce). Il faut donc tricher.
Le *rien* ne peut être pris par le discours que de biais,
en écharpe, par une sorte d'allusion déceptive; c'est, chez
Loti, le cas de mille notations ténues qui ont pour objet,
ni une idée, ni un sentiment, ni un fait, mais simplement,
au sens très large du terme : *le temps qu'il fait*. Ce « sujet »,
qui dans les conversations quotidiennes du monde entier

occupe certainement la première place, mériterait quelque
étude : en dépit de sa futilité apparente, ne nous dit-il
pas le vide du discours à travers quoi le rapport humain
se constitue? Dire *le temps qu'il fait* a d'abord été une
communication pleine, l'information requise par la pratique
du paysan, pour qui la récolte dépend du temps; mais
dans la relation citadine, ce sujet est vide, et ce vide
est le sens même de l'interlocution : on parle du temps
pour ne rien dire, c'est-à-dire pour dire à l'autre qu'on
lui parle, pour ne lui dire rien d'autre que ceci : je vous
parle, vous existez pour moi, je veux exister pour vous
(aussi est-ce une attitude faussement supérieure que de
se moquer du temps qu'il fait); de plus, si vide que
soit le « sujet », le temps renvoie à une sorte d'existence
complexe du monde (de ce qui est) où se mêlent le lieu,
le décor, la lumière, la température, la cénesthésie, et
qui est ce mode fondamental selon lequel mon corps est
là, qui se sent exister (sans parler des connotations heureu-
ses ou tristes du temps, suivant qu'il favorise notre projet
du jour); c'est pourquoi ce temps qu'il faisait (à Salonique,
à Stamboul, à Eyoub), que Loti note inlassablement, a
une fonction multiple d'écriture : il permet au discours
de *tenir* sans rien dire (en disant *rien*), il déçoit le sens,
et, monnayé en quelques notations adjacentes (« *des avoines
poussaient entre les pavés de galets noirs... on respirait
partout l'air tiède et la bonne odeur de mai* »), il permet
de référer à quelque *être-là* du monde, premier, naturel,
incontestable, in-signifiant (là où commencerait le sens,
là commencerait aussi l'interprétation, c'est-à-dire le
combat). On comprend alors la complicité qui s'établit
entre ces notations infimes et le genre même du journal
intime (celui d'Amiel est plein du temps qu'il faisait sur
les bords du lac de Genève au siècle dernier) : n'ayant
pour dessein que de dire le *rien* de ma vie (en évitant
de la construire en Destin), le journal use de ce corps
spécial dont le « sujet » n'est que le contact de mon corps
et de son enveloppe et qu'on appelle *le temps qu'il fait*.

5. Anacoluthe

Le temps qu'il fait sert à autre chose (ou à la même chose) : rompre le sens, rompre la *construction* (du monde, du rêve, du récit). En rhétorique, on appelle cette rupture de construction une anacoluthe. Par exemple : dans la cabine de sa corvette, en rade de Salonique, Loti rêve d'Aziyadé, dont Samuel lui tend une longue natte de cheveux bruns; on l'éveille pour le quart et le rêve est interrompu; rien n'est dit de plus pour finir que ceci : « *Il plut par torrents cette nuit-là, et je fus trempé.* » Ainsi le rêve perd discrètement tout sens, même le sens du non-sens; la pluie (la notation de la pluie) étouffe cet éclair, ce flash du sens dont parlait Shakespeare : le sens, rompu, n'est pas détruit, il est – chose rare, difficile – *exempté*.

6. Les deux amis

Dans son aventure avec Aziyadé, le lieutenant Loti est assisté par deux serviteurs, par deux amis, Samuel et Achmet. Entre ces deux affections, « *il y a un abîme* ».

Achmet a de petits yeux; ceux de Samuel sont d'une grande douceur. Achmet est original, généreux, c'est l'ami de la maison, du foyer, c'est l'intime; Samuel est le garçon de la barque, du lit flottant, c'est le messager, l'ondoyant. Achmet est l'homme de la fixité islamique; Samuel est métissé de juif, d'italien, de grec, de turc; c'est l'homme de la langue mixte, du sabir, de la *lingua franca*. Achmet est le chevalier d'Aziyadé, dont il épouse la cause; Samuel est le rival jaloux d'Aziyadé. Achmet est du côté de la virilité (« *bâti en hercule* »); Samuel est féminin, il a

des airs câlins, il est propre comme une chatte. Samuel
est épris de Loti; ceci n'est évidemment pas articulé, mais
est cependant signifié (« *Sa main tremblait dans la mienne
et la serrait plus qu'il n'eût été nécessaire – Che volete,
dit-il d'une voix sombre et troublée, che volete mi? Que
voulez-vous de moi?... Quelque chose d'inouï et de ténébreux avait un moment passé dans la tête du pauvre
Samuel – dans le vieil Orient tout est possible! – et
puis il s'était couvert la figure de ses bras, et restait
là, terrifié de lui-même, immobile et tremblant...* »). Un
motif apparaît ici – qui se laisse voir en d'autres endroits :
non, Aziyadé n'est pas un livre tout rose : ce roman
de jeune fille est aussi une petite épopée sodoméenne,
marquée d'allusions à *quelque chose d'inouï et de ténébreux.*

Le paradigme des deux amis est donc bien
formulé (l'ami/l'amant), mais il n'a aucune suite : il n'est
pas *transformé* (en action, en intrigue, en drame) : le
sens reste comme indifférent. Ce roman est un discours
presque immobile, qui pose des sens mais ne les résout
pas.

7. L'Interdit

Se promenant dans Stamboul, le lieutenant Loti longe
des murailles interminables, reliées entre elles, à un
moment, tout en haut, par un petit pont en marbre gris.
Ainsi de l'Interdit : il n'est pas seulement ce que l'on
suit interminablement, mais aussi ce qui communique par-
dessus vous : un enclos dont vous êtes exclu. Une autre
fois, Loti pénètre, au prix d'une grande audace, dans
la seconde cour intérieure de la sainte mosquée d'Eyoub,
farouchement interdite aux chrétiens; il soulève la portière
de cuir qui ferme le sanctuaire, mais on sait qu'à l'intérieur
des mosquées il n'y a rien : tout ce mal, toute cette
faute pour vérifier un vide. Ainsi encore, peut-être, de

l'Interdit : un espace lourdement défendu mais dont le cœur est *aseptique*.

Loti I (héros du livre) affronte bien des interdits : le harem, l'adultère, la langue turque, la religion islamique, le costume oriental; que d'enclos dont il doit trouver la passe, en imitant ceux qui peuvent y entrer! Les difficultés de l'entreprise sont souvent soulignées, mais, chose curieuse, il est à peine dit comment elles sont surmontées. Si l'on imagine ce que pouvait être un harem (et tant d'histoires nous en disent la féroce clôture), si l'on se rappelle un instant la difficulté qu'il y a à parler une langue étrangère, comme le turc, sans trahir sa qualité d'étranger, si l'on considère combien il est rare de s'habiller exotiquement sans cependant paraître déguisé, comment admettre que Loti ait pu vivre pendant des mois avec une femme de harem, parler le turc en quelques semaines, etc.? Rien ne nous est dit des voies concrètes de l'entreprise – qui eussent ailleurs fait l'essentiel du roman (de l'intrigue).

C'est sans doute que pour Loti II (l'auteur du livre), l'Interdit est une idée; peu importe, en somme, de le transgresser réellement; l'important, sans cesse énoncé, c'est de le poser et de se poser par rapport à lui. *Aziyadé* est le nom nécessaire de l'Interdit, forme pure sous laquelle peuvent se ranger mille incorrections sociales, de l'adultère à la pédérastie, de l'irreligion à la faute de langue.

8. La pâle débauche

La pâle débauche est celle du petit matin, lorsque se conclut toute une nuit de traînailleries érotiques (« *La pâle débauche me retenait souvent par les rues jusqu'à ces heures matinales* »). En attendant Aziyadé, le lieutenant Loti connaît beaucoup de ces nuits, occupées par d'« *étranges choses* », « *une prostitution étrange* », « *quelque aventure imprudente* », toutes expériences qui recouvrent à coup sûr

« les vices de Sodome », pour la satisfaction desquels
s'entremettent Samuel ou Izeddin-Ali, le guide, l'initiateur,
le complice, l'organisateur de saturnales d'où les femmes
sont exclues; ces parties raffinées ou populaires, à quoi
il est fait plusieurs allusions, se terminent toujours de
la même façon : Loti les condamne dédaigneusement, il
feint, mais un peu tard, de s'y refuser (ainsi du gardien
de cimetière dont il accepte les avances avant de le basculer
dans un précipice; ainsi du vieux Kairoullah, qu'il provoque à lui proposer son fils de 12 ans, « beau comme
un ange », et qu'il congédie ignominieusement à l'aube) :
dessin bien connu de la mauvaise foi, le discours servant
à annuler rétrospectivement l'orgie précédente, qui cependant constitue l'essentiel du message; car en somme *Aziyadé*
est *aussi* l'histoire d'une débauche. Stamboul et Salonique
(leurs descriptions poétiques) valent substitutivement pour
les rencontres dites hypocritement fâcheuses, pour la drague
obstinée à la recherche des jeunes garçons asiatiques; le
harem vaut pour l'interdit qui frappe l'homosexualité; le
scepticisme blasé du jeune lieutenant, dont il fait la théorie
à ses amis occidentaux, vaut pour l'esprit de chasse, l'insa-
tisfaction – ou la satisfaction systématique du désir, qui
lui permet de regermer; et Aziyadé, douce et pure, vaut
pour la sublimation de ces plaisirs : ce qui explique qu'elle
soit prestement expédiée, comme une clausule morale, à
la fin d'une nuit, d'un paragraphe de « débauche » : *« Alors
je me rappelais que j'étais à Stamboul – et qu'elle avait
juré d'y venir. »*

9. Le grand paradigme

La « débauche » : voilà le terme fort de notre histoire.
L'autre terme, à quoi il faut bien que celui-ci s'oppose,
n'est pas, je crois, Aziyadé. La contre-débauche n'est pas

la pureté (l'amour, le sentiment, la fidélité, la conjugalité),
c'est la contrainte, c'est-à-dire l'Occident, figuré à deux
reprises sous les espèces du commissaire de police. En
s'enfonçant délicieusement dans la débauche asiatique, le
lieutenant Loti fuit les institutions *morales* de son pays,
de sa culture, de sa civilisation; d'où le dialogue intermittent
avec la sœur, bien ennuyeuse, et les amis britanniques,
Plumkett, Brown, ceux-là sinistrement enjoués : vous pouvez
passer ces lettres : leur fonction est purement structurale :
il s'agit d'assurer au désir son terme repoussant. Mais
alors, Aziyadé? Aziyadé est le terme neutre, le terme
zéro de ce grand paradigme : discursivement, elle occupe
la première place; structuralement, elle est absente, elle
est la place d'une absence, elle est un fait de discours,
non un fait de désir. Est-ce vraiment elle, n'est-ce pas
plutôt Stamboul (c'est-à-dire la « pâle débauche »), que Loti
veut finalement choisir contre le *Deerhound*, l'Angleterre,
la politique des grandes puissances, la sœur, les amis,
la vieille mère, le lord et la lady qui jouent tout Beethoven
dans le salon d'une pension de famille? Loti I semble
mourir à la mort d'Aziyadé, mais Loti II prend la relève;
le lieutenant noblement expédié, l'auteur continuera à décrire
des villes, au Japon, en Perse, au Maroc, c'est-à-dire à
signaler, à baliser (par des discours-emblèmes) l'espace
de son désir.

10. Costumes

Un moraliste s'est écrié un jour : je me convertirais
bien pour pouvoir porter le caftan, la djellaba et le selham!
C'est-à-dire : tous les mensonges du monde pour que mon
costume soit vrai! Je préfère que mon âme mente, plutôt
que mon costume! Mon âme contre un costume! Les
transvestis sont des chasseurs de vérité : ce qui leur fait

le plus horreur, c'est présisément d'être *déguisés* : il y a une sensibilité morale à la vérité du vêtement et cette sensibilité, lorsqu'on l'a, est très ombrageuse : le colonel Lawrence acheta de beaucoup d'épreuves le droit de porter le *chan* séoudite. Le lieutenant Loti est un fanatique du transvestisme; il se costume d'abord pour des raisons tactiques (en Turc, en matelot, en Albanais, en derviche), puis pour des raisons éthiques : il veut se convertir, devenir Turc en essence, c'est-à-dire en costume; c'est un problème d'identité; et comme ce qui est abandonné – ou adopté – est une personne totale, il ne faut aucune contagion entre les deux costumes, la dépouille occidentale et le vêtement nouveau; d'où ces lieux de transformation, ces cases de travestissement (chez les Juives de Salonique, chez la Madame de Galata), sortes de chambres étanches, d'écluses où s'opère scrupuleusement l'échange des identités, la mort de l'une (Loti), la naissance de l'autre (Arif).

Cette dialectique est connue : on sait bien que le vêtement n'*exprime* pas la personne, mais la constitue; ou plutôt, on sait bien que la personne n'est rien d'autre que cette image désirée à laquelle le vêtement nous permet de croire. Quelle est donc la personne que le lieutenant Loti se souhaite à lui-même? Sans doute celle d'un Turc de l'ancien temps, c'est-à-dire d'un homme du désir pur, désancré de l'Occident et du modernisme, pour autant que, aux yeux d'un Occidental moderne, l'un et l'autre s'identifient avec la responsabilité même de vivre. Mais sous le journal du lieutenant Loti, l'auteur Pierre Loti écrit autre chose : la personne qu'il souhaite à son personnage en lui prêtant ces beaux costumes d'autrefois, c'est celle d'un être pictural : « *Être soi-même une partie de ce tableau plein de mouvement et de lumière* », dit le lieutenant qui fait, habillé en vieux Turc, la tournée des mosquées, des cafedjis, des bains et des places, c'est-à-dire des *tableaux* de la vie turque. Le but du transvestisme est donc *finalement* (une fois épuisée l'illusion d'être), de se transformer en objet descriptible – et non en sujet introspectible. La consécration du déguisement (ce qui le dément à force de le réussir), c'est l'intégration picturale, le passage du corps dans une écriture d'ensemble, en un mot (si on le prend à la lettre) la *transcription* : habillé *exactement* (c'est-à-dire avec un vêtement dont l'excès d'exactitude soit banni), le sujet se dissout, non par ivresse, mais par apollinisme, participation à une proportion, à une combinatoire. Ainsi un auteur mineur, démodé et visiblement peu soucieux de théorie (cependant contemporain de Mallarmé, de Proust) met à jour la plus retorse des logiques d'écriture : car vouloir être « celui qui fait partie du tableau », c'est écrire pour autant seulement qu'on est écrit : abolition du passif et de l'actif, de l'exprimant et de l'exprimé, du sujet et de l'énoncé, en quoi se cherche précisément l'écriture moderne.

11. Mais où est l'Orient?

Comme elle apparaît lointaine cette époque où la langue de l'Islam était le turc, et non l'arabe! C'est que l'image culturelle se fixe toujours là où est la puissance politique : en 1877, les « pays arabes » n'existaient pas; quoique vacillante (*Aziyadé* à sa manière nous le dit), la Turquie était encore, politiquement, et donc culturellement, le signe même de l'Orient (exotisme dans l'exotisme : l'Orient de Loti comporte des moments d'hiver, de bruine, de froid : c'est l'extrémité de notre Orient, censurée par le tourisme moderne). Cent ans plus tard, c'est-à-dire de nos jours, quel eût été le fantasme oriental du lieutenant Loti? Sans doute quelque pays arabe, Egypte ou Maroc; le lieutenant – peut-être quelque jeune professeur – y eût pris parti contre Israël, comme Loti prit fait et cause pour sa chère Turquie, contre les Russes : tout cela à cause d'Aziyadé – ou de la *pâle débauche*.

Turc ou maghrébin, l'Orient n'est que la case d'un jeu, le terme marqué d'une alternative : l'Occident ou *autre chose*. Tant que l'opposition est irrésolue, soumise seulement à des forces de *tentation*, le sens fonctionne à plein : le livre est possible, *il se développe*. Lorsque Loti se trouve contraint d'*opter* (comme on dit en langage administratif), il lui faut passer du niveau imaginaire au niveau réel, d'une éthique à un statut, d'un mode de vie à une responsabilité politique, céder devant la contrainte d'une *praxis* : le sens cesse, le livre s'arrête car il n'y a plus de signifiant, le signifié reprend sa tyrannie.

Ce qui est remarquable, c'est que l'investissement fantasmatique, la *possibilité* du sens (et non son arrêt), ce qui est *avant* la décision, hors d'elle, se fait toujours, semble-t-il, à l'aide d'une régression politique : portant sur le mode de vie, le désir est toujours féodal : dans une Turquie elle-même dépassée, c'est une Turquie encore plus ancienne que Loti cherche en tremblant : le désir va toujours vers l'archaïsme extrême, là où la plus grande distance historique assure la plus grande irréalité, là où le désir trouve sa forme pure : celle de retour impossible, celle de l'Impossible (mais en l'écrivant, cette régression va disparaître).

12. Le voyage, le séjour

Une forme fragile sert de transition ou de passage – ce terme neutre, ambigu, cher aux grands classificateurs – entre l'ivresse éthique (l'amour d'un *art de vivre*) et l'engagement national (on dirait aujourd'hui : politique) : c'est le *séjour* (notion qui a son correspondant administratif : la *résidence*). Loti connaît en somme, transposés en termes modernes, les trois moments gradués de tout dépaysement : le voyage, le séjour et la naturalisation; il est

successivement touriste (à Salonique), résident (à Eyboub),
national (officier de l'armée turque). De ces trois moments,
le plus contradictoire est le séjour (la résidence) : le sujet
n'y a plus l'irresponsabilité éthique du touriste (qui est
simplement un national en voyage), il n'y a pas encore
la responsabilité (civile, politique, militaire) du citoyen;
il est posé entre deux statuts forts, et cette position intermédiaire, cependant, *dure* – est définie par la lenteur même
de son développement (d'où, dans le séjour de Loti à
Eyoub, un mélange d'éternité et de précarité : cela « revient
sans cesse » et cela « va incessamment finir ») : le résident
est en somme un touriste qui *répète* son désir de rester :
« *J'habite un des plus beaux pays du monde* – propos
de touriste, amateur de tableaux, de photographies – *et
ma liberté est illimitée* » – ivresse du résident, auquel
une bonne connaissance des lieux, des mœurs, de la langue
permet de satisfaire sans peur tout désir (ce que Loti
appelle : la liberté).

Le *séjour* a une substance propre : il fait du pays
résidentiel, et singulièrement ici de Stamboul, espace
composite où se condense la substance de plusieurs grandes
villes, un élément dans lequel le sujet peut *plonger* :
c'est-à-dire s'enfouir, se cacher, se glisser, s'intoxiquer,
s'évanouir, disparaître, s'absenter, mourir à tout ce qui
n'est pas son désir. Loti marque bien la nature schizoïde
de son expérience : « *Je ne souffre plus, je ne me souviens
plus : je passerais indifférent à côté de ceux qu'autrefois
j'ai adorés... je ne crois à rien ni à personne, je n'aime
personne ni rien; je n'ai ni foi ni espérance* »; cela est
évidemment le *bord* de la folie, et par cette expérience
résidentielle, dont on vient de dire le caractère en somme
intenable, le lieutenant Loti se trouve revêtu de l'*aura*
magique et poétique des êtres en rupture de société, de
raison, de sentiment, d'humanité : il devient l'être paradoxal
qui ne peut être classé : c'est ce que lui dit le derviche
Hassan-Effendi, qui fait de Loti le sujet contradictoire,
l'homme jeune et très savant, que l'ancienne rhétorique

exaltait – véritable *impossibilité* de la nature – sous le
nom de *puer senilis* : ayant les caractères de tous les
âges, hors des temps parce que les ayant tous à la fois.

13. La Dérive

N'étaient ses alibis (une bonne philosophie désenchantée
et Aziyadé elle-même), ce roman pourrait être très moderne : ne met-il pas en forme une contestation très paresseuse,
que l'on retrouve aujourd'hui dans le mouvement hippy?
Loti est en somme un hippy dandy : comme lui, les
hippies ont le goût de l'expatriation et du travestissement.
Cette forme de refus ou de soustraction hors de l'Occident
n'est ni violente, ni ascétique, ni politique : c'est très exactement une *dérive* : *Aziyadé* est le roman de la Dérive.
Il existe des villes de Dérive : ni trop grandes ni trop
neuves, il faut qu'elles aient un passé (ainsi Tanger,
ancienne ville internationale) et soient cependant encore
vivantes; villes où plusieurs villes intérieures se mêlent;
villes sans esprit promotionnel, villes paresseuses, oisives,
et cependant nullement luxueuses, où la débauche règne
sans s'y prendre au sérieux : tel sans doute le Stamboul
de Loti. La ville est alors une sorte d'eau qui à la
fois porte et emporte loin de la rive du réel : on s'y
trouve immobile (soustrait à toute compétition) et déporté
(soustrait à tout ordre conservateur). Curieusement, Loti
parle lui-même de la dérive (rare moment vraiment symbolique de ce discours sans secret) : dans les eaux de Salonique, la barque où Aziyadé et lui font leurs promenades
amoureuses est « un lit qui flotte », « un lit qui dérive » (à
quoi s'oppose le canot de la *Maria Pia*, chargé de noceurs,
bruyants et volontaires, qui manque de les écraser). Y
a-t-il image plus voluptueuse que celle de ce lit en dérive?
Image profonde, car elle réunit trois idées : celle de l'amour,

celle du flottement et la pensée que le désir est une
force en dérive – ce pour quoi on a proposé comme
la meilleure approche, sinon comme la meilleure traduction,
de la pulsion freudienne (concept qui a provoqué bien
des discussions) le mot même de *dérive* : la dérive du
lieutenant Loti (sur les eaux de Salonique, dans le faubourg
d'Eyoub, au gré des soirées d'hiver avec Aziyadé ou des
marches de débauche dans les souterrains et les cimetières
de Stamboul) est donc la figure exacte de son désir.

14. La Déshérence

Il y a quelques années encore, pendant l'été, le quartier
européen de la ville de Marrakech était complètement
mort (depuis, le tourisme l'a revigoré abusivement); dans
la chaleur, le long des grandes avenues aux magasins
ouverts mais inutiles, aux terrasses à peu près vides des
cafés, dans les jardins publics où çà et là un homme
dormait sur un gazon rare, on y goûtait ce sentiment
pénétrant : la déshérence. Tout subsiste et cependant rien
n'appartient plus à personne, chaque chose, présente dans
sa forme complète, est vidée de cette tension combative
attachée à la propriété, il y a perte, non des biens, mais
des héritages et des héritiers. Tel est le Stamboul de
Loti : vivant, vivace même, comme un tableau coloré,
odorant, mais en perte de propriétaire : la Turquie à l'ago-
nie (comme grande puissance), le modernisme aux portes,
peu de défenses et çà et là le culte du démodé, du
raffinement passé – du passé comme raffinement. C'est
cette déshérence, ce désancrage historique qu'exprimait sans
doute le mot turc *eski* (délicieusement ambigu à des oreilles
françaises), cité avec prédilection par le lieutenant Loti :
*« J'examinai les vieillards qui m'entouraient : leurs costu-
mes indiquaient la recherche minutieuse des modes du*

bon vieux temps; tout ce qu'ils portaient était eski, *jusqu'à leurs grandes lunettes d'argent, jusqu'aux lignes de leurs vieux profils.* Eski, *mot prononcé avec vénération, qui veut dire* antique *et qui s'applique en Turquie aussi bien à de vieilles coutumes qu'à de vieilles formes de vêtements ou à des vieilles étoffes.* » De même que la Dérive a son objet emblématique, le lit flottant, de même la Déshérence a sa thématique : l'herbe qui croît entre les pierres de la rue, les cyprès noirs tranchant sur les marbres blancs, les cimetières (si nombreux dans la Turquie de Loti), qui sont moins lieux de mort qu'espaces de débauche, de dérive.

15. Mobiles

Ai-je bien dit – et cependant sans forcer – que ce roman vieillot – qui est à peine un roman – a quelque chose de moderne? Non seulement l'écriture, venue du désir, frôle sans cesse l'interdit, désitue le sujet qui écrit, le déroute; mais encore (ceci n'étant que la traduction structurale de cela) en lui les plans opératoires sont multiples : ils tremblent les uns dans les autres. Qui parle (Loti) n'est pas qui écrit (Pierre Loti); l'émission du récit émigre, comme au jeu du furet, de Viaud à Pierre Loti, de Pierre Loti à Loti, puis à Loti déguisé (Arif), à ses correspondants (sa sœur, ses amis anglais). Quant à la structure, elle est double, à égalité, narrative et descriptive; alors qu'ordinairement (dans Balzac, par exemple) les descriptions ne sont que des digressions informatives, des haltes, elles ont ici une force propulsive : le mouvement du discours est dans la métaphore renouvelée qui dit toujours le *rien* de la Dérive. Et l'histoire elle-même, où est-elle? Est-ce l'histoire d'un amour malheureux? L'odyssée d'une âme expatriée, le récit feutré, allusif, d'une débauche à l'orientale? Le derviche Hassan-Effendi interroge : *« Nous direz-vous, Arif ou Loti, qui vous êtes et ce que vous êtes venu faire parmi nous? »* Il n'y a pas de réponse : le voyage – le séjour turc de Loti – est sans mobile et sans fin, il n'a ni *pourquoi* ni *pour quoi*; il n'appartient à aucune détermination, à aucune téléologie : quelque chose qui est très souvent du pur signifiant a été énoncé – et le signifiant n'est jamais démodé[1].

1971

1. Ce texte a servi de préface (en italien) à *Aziyadé*, Parme, Franco-Maria Ricci, 1971, coll. *Morgana*. Il a paru dans *Critique*, nº 297, février 1972.

Table

Le degré zéro de l'écriture

Nouveaux essais critiques

IMPRIMERIE BUSSIÈRE À SAINT-AMAND (3-86)
D.L. 4ᵉ TR. 1972. Nᵒ 3047-8 (642)

Du même auteur

AUX MÊMES ÉDITIONS

Le Degré zéro de l'écriture
coll. Pierres vives, 1953

Michelet
coll. Écrivains de toujours, 1954

Mythologies
coll. Pierres vives, 1957
coll. Points, 1970

Sur Racine
coll. Pierres vives, 1963
coll. Points, 1979

Essais critiques
coll. Tel Quel, 1964
coll. Points, 1981

Critique et Vérité
coll. Tel Quel, 1966

Système de la Mode
1967
coll. Points, 1983

S/Z
coll. Tel Quel, 1970
coll. Points, 1976

Sade, Fourier, Loyola
coll. Tel Quel, 1971
coll. Points, 1980

Le Plaisir du texte
coll. Tel Quel, 1973
coll. Points, 1982

Roland Barthes
coll. Écrivains de toujours, 1975